Kohlhammer

Der Autor

Dr. Bernd Meyenburg, Kinder- und Jugendpsychiater, Psychotherapeut, baute ab 1989 die erste deutsche Spezialsprechstunde für transidente Kinder und Jugendliche am Frankfurter Universitätsklinikum auf. Er war von 2000-2013 als Hauptautor für die Erarbeitung und Aktualisierung der bundesweiten Behandlungsleitlinien für transidente Kinder und Jugendliche verantwortlich.

Bernd Meyenburg

Geschlechtsdysphorie im Kindes- und Jugendalter

Verlag W. Kohlhammer

Dieses Werk einschließlich aller seiner Teile ist urheberrechtlich geschützt. Jede Verwendung außerhalb der engen Grenzen des Urheberrechts ist ohne Zustimmung des Verlags unzulässig und strafbar. Das gilt insbesondere für Vervielfältigungen, Übersetzungen, Mikroverfilmungen und für die Einspeicherung und Verarbeitung in elektronischen Systemen.

Pharmakologische Daten, d. h. u. a. Angaben von Medikamenten, ihren Dosierungen und Applikationen, verändern sich fortlaufend durch klinische Erfahrung, pharmakologische Forschung und Änderung von Produktionsverfahren. Verlag und Autoren haben große Sorgfalt darauf gelegt, dass alle in diesem Buch gemachten Angaben dem derzeitigen Wissensstand entsprechen. Da jedoch die Medizin als Wissenschaft ständig im Fluss ist, da menschliche Irrtümer und Druckfehler nie völlig auszuschließen sind, können Verlag und Autoren hierfür jedoch keine Gewähr und Haftung übernehmen. Jeder Benutzer ist daher dringend angehalten, die gemachten Angaben, insbesondere in Hinsicht auf Arzneimittelnamen, enthaltene Wirkstoffe, spezifische Anwendungsbereiche und Dosierungen anhand des Medikamentenbeipackzettels und der entsprechenden Fachinformationen zu überprüfen und in eigener Verantwortung im Bereich der Patientenversorgung zu handeln. Aufgrund der Auswahl häufig angewendeter Arzneimittel besteht kein Anspruch auf Vollständigkeit.

Die Wiedergabe von Warenbezeichnungen, Handelsnamen und sonstigen Kennzeichen in diesem Buch berechtigt nicht zu der Annahme, dass diese von jedermann frei benutzt werden dürfen. Vielmehr kann es sich auch dann um eingetragene Warenzeichen oder sonstige geschützte Kennzeichen handeln, wenn sie nicht eigens als solche gekennzeichnet sind.

Es konnten nicht alle Rechtsinhaber von Abbildungen ermittelt werden. Sollte dem Verlag gegenüber der Nachweis der Rechtsinhaberschaft geführt werden, wird das branchenübliche Honorar nachträglich gezahlt.

Dieses Werk enthält Hinweise/Links zu externen Websites Dritter, auf deren Inhalt der Verlag keinen Einfluss hat und die der Haftung der jeweiligen Seitenanbieter oder -betreiber unterliegen. Zum Zeitpunkt der Verlinkung wurden die externen Websites auf mögliche Rechtsverstöße überprüft und dabei keine Rechtsverletzung festgestellt. Ohne konkrete Hinweise auf eine solche Rechtsverletzung ist eine permanente inhaltliche Kontrolle der verlinkten Seiten nicht zumutbar. Sollten jedoch Rechtsverletzungen bekannt werden, werden die betroffenen externen Links soweit möglich unverzüglich entfernt.

1. Auflage 2020

Alle Rechte vorbehalten
© W. Kohlhammer GmbH, Stuttgart
Gesamtherstellung: W. Kohlhammer GmbH, Heßbrühlstr. 69, 70565 Stuttgart
produktsicherheit@kohlhammer.de

Print:
ISBN 978-3-17-035126-4

E-Book-Formate:
pdf: ISBN 978-3-17-035127-1
epub: ISBN 978-3-17-035128-8
mobi: ISBN 978-3-17-035129-5

Geleitwort zur Reihe

Klinische Psychologie und Psychotherapie bei Kindern, Jugendlichen und jungen Erwachsenen: Verhaltenstherapeutische Interventionsansätze

Psychische Störungen im Kindes- und Jugendalter sind weit verbreitet und ein Schrittmacher für die Entwicklung weiterer psychischer Störungen im Erwachsenenalter. Für einige der für das Kindes- und Jugendalter typischen Störungsbereiche liegen empirisch gut abgesicherte Behandlungsmöglichkeiten vor. Eine Besonderheit in der Diagnostik und Therapie von Kindern mit psychischen Störungen stellt das Setting der Therapie dar. Dies bezieht sich sowohl auf den Einbezug der Eltern, als auch auf mögliche Kontaktaufnahmen mit dem Kindergarten, der Schule, der Jugendhilfe usw. Des Weiteren stellt die Entwicklungspsychopathologie für die jeweiligen Bände ein zentrales Kernthema dar.

Ziel dieser neuen Buchreihe ist es, Themen der Klinischen Kinder- und Jugendpsychologie und Psychotherapie in ihrer Gesamtheit darzustellen. Dies umfasst die Beschreibung von Erscheinungsbildern, epidemiologischen Ergebnissen, rechtliche Aspekte, ätiologischen Faktoren bzw. Störungsmodelle, sowie das konkrete Vorgehen in der Diagnostik unter Berücksichtigung verschiedener Informanten und das konkrete Vorgehen in der Psychotherapie unter Berücksichtigung des aktuellen Wissenstandes zur Wirksamkeit.

Die Buchreihe besteht aus Bänden zu spezifischen psychischen Störungsbildern und zu störungsübergreifenden Themen. Die einzelnen Bände verfolgen einen vergleichbaren Aufbau wobei praxisorientierte Themen wie bspw. Fallbeispiele, konkrete Gesprächsinhalte oder die Antragsstellung durchgehend aufgenommen werden.

Tina In-Albon (Landau)
Hanna Christiansen (Marburg)
Christina Schwenck (Gießen)

Die Herausgeberinnen der Reihe

Prof. Dr. Tina In-Albon, Professur für Klinische Psychologie und Psychotherapie des Kindes- und Jugendalters an der Universität Koblenz-Landau. Leitung der Landauer Psychotherapie-Ambulanz für Kinder und Jugendliche und des Studiengangs zur Ausbildung in Kinder- und Jugendlichenpsychotherapie der Universität Koblenz-Landau.

Prof. Dr. Hanna Christiansen, Professur für Klinische Psychologie des Kindes- und Jugendalters an der Philipps-Universität Marburg; Leiterin der Kinder- und Jugendlichen-Psychotherapie-Ambulanz Marburg (KJ-PAM) sowie des Kinder- und Jugendlichen-Instituts für Psychotherapie-Ausbildung Marburg (KJ-IPAM).

Prof. Dr. Christina Schwenck, Professur für Förderpädagogische und Klinische Kinder- und Jugendpsychologie, Justus-Liebig-Universität Gießen. Leiterin der postgradualen Ausbildung Kinder- und Jugendlichenpsychotherapie mit Schwerpunkt Verhaltenstherapie.

Inhalt

Geleitwort zur Reihe			5
Vorwort			11
1	Einführung		13
2	Erscheinungsbilder		15
	2.1	Erscheinungsbilder in der Kindheit	15
		2.1.1 Transjunge mit persistierendem Verlauf: Max	15
		2.1.2 Transmädchen mit persistierendem Verlauf: Lena	18
		2.1.3 Transmädchen mit desistierendem Verlauf: Alex	20
		2.1.4 Transmädchen mit desistierendem Verlauf: Noah	21
	2.2	Erscheinungsbilder im Jugendalter	23
		2.2.1 FtM transidenter Jugendlicher mit persistierendem Verlauf, psychisch unauffällig: Aisha → Hussein	23
		2.2.2 FtM transidenter Jugendlicher mit schwerer psychischer Störung, persistierender Verlauf: Christa → Markus	25
		2.2.3 MtF transidente psychisch gesunde Jugendliche, fraglich late-onset: Paula	27
		2.2.4 MtF-Transidentität, psychisch auffällig, persistierender Verlauf: Olaf → Jessica	28
		2.2.5 MtF transidente Jugendliche mit Autismus-Spektrum-Störung, persistierender Verlauf: Jennifer	30
		2.2.6 MtF Jugendlicher mit zunächst fraglicher transidenter Entwicklung: Rene → Christine	32
		2.2.7 MtF psychisch auffälliger transidenter Jugendlicher, desistierender Verlauf: Kevin	34
		2.2.8 MtF-Transidentität, transienter Verlauf: Henry	36
		2.2.9 FtM-Transidentität, transienter Verlauf: Lina	37
	2.3	Nicht binäre Transidentität: Felix	38
	2.4	Fluide Transidentität: Anne	39
3	**Leitlinien für Diagnostik und Behandlung der AWMF und der WPATH**		**41**

4	**Prävalenz, Sex Ratio**	**47**
	4.1 Neuere kritische Diskussion der Zunahme von Prävalenz bei FtM Jugendlichen	49
5	**Entwicklungsverläufe**	**52**
6	**Klassifikation**	**56**
	6.1 Diagnostische Kriterien nach DSM-5: Geschlechtsdysphorie	56
	6.2 Diagnostische Kriterien nach ICD-11: Geschlechtsinkongruenz	58
7	**Diagnostik**	**60**
8	**Differentialdiagnose**	**63**
9	**Psychopathologische Auffälligkeiten bei transidenten Kindern und Jugendlichen**	**65**
10	**Ätiologie**	**68**
	10.1 Biologische Faktoren	68
	10.1.1 Pränatale Hormoneinwirkungen	68
	10.1.2 Strukturelle und funktionelle Hirnveränderungen	70
	10.2 Psychologische Ursachen	71
	10.2.1 Konfliktfreies Prägungsmodell (Robert Stoller)	71
	10.2.2 Lerntheorie (Richard Green)	72
	10.2.3 Frühkindliche Traumata	72
	10.2.4 Frühe Störung der Mutter-Kind-Beziehung	73
11	**Fallkonzeptualisierung**	**75**
	11.1 Sozialer Rollenwechsel/Alltagserprobung	75
	11.2 Planung der psychotherapeutischen Begleitung/Behandlung	76
	11.3 Planung geschlechtsangleichender Behandlung	77
12	**Psychotherapie**	**78**
13	**Setting**	**81**
14	**Multidisziplinäres Vorgehen**	**83**
15	**Therapieantrag**	**86**
16	**Rechtliche Aspekte**	**88**
	16.1 Vornamensänderung und sozialer Rollenwechsel	88
	16.2 Vornamens- und Personenstandsänderung nach dem Transsexuellengesetz	89

		16.2.1 Empfehlungen für die Begutachtung nach dem Transsexuellengesetz	90
	16.3	Neufassung des Personenstandsgesetzes (PStG)	93
17	**Besonderheiten**		**95**
	17.1	Sexualität transidenter Jugendlicher	95
	17.2	Rückumwandlungswünsche	96

Literatur **97**

Weiterführende Literatur: Auswahl von Ratgebern und informativen Webseiten **102**

Stichwortverzeichnis **103**

Anhang

Überblick über Beratungsstellen und Selbsthilfegruppen **107**
    Beratungsstellen 107
    Selbsthilfegruppen 107
    Attest zur Vornamensänderung in der Schule (MtF) 108

Vorwort

Gerne bin ich der Einladung der Herausgeberinnen dieser Reihe nachgekommen, einen Beitrag zum Thema Transidentität und Geschlechtsdysphorie im Kindes- und Jugendalter zu verfassen. Dieser Beitrag basiert auf meiner über vierzigjährigen therapeutischen Arbeit mit transidenten Kindern, Jugendlichen und Erwachsenen. Zunächst behandelte ich transidente erwachsene Patient*innen im Frankfurter Institut für Sexualwissenschaft unter Leitung von Volkmar Sigusch, später während meiner Ausbildung zum Kinder- und Jugendpsychiater Kinder am Boyhood Gender Identity Project des damaligen Roosevelt Hospitals in New York City unter Leitung von Susan Coates. Nach meiner Rückkehr nach Frankfurt baute ich ab 1989 eine Spezialsprechstunde für transidente Kinder und Jugendliche in der Frankfurter Universitätsklinik für Kinder- und Jugendpsychiatrie auf, in der wir bis heute über 800 Patient*innen untersucht, behandelt und begutachtet haben. Gebeten wurde ich zudem von der Arbeitsgemeinschaft wissenschaftlich-medizinischer Fachgesellschaften AWMF, Leitlinien zu Diagnostik und Therapie von Störungen der Geschlechtsidentität im Kindes- und Jugendalter (nach damaliger Nomenklatur) zu erstellen. Diese habe ich federführend in Zusammenarbeit mit führenden deutschen Sexualwissenschaftlern und Fachvertreter*innen der Kinder- und Jugendpsychiatrie von 2010 bis 2014 erarbeitet. Sie sind in Grundsätzen auch heute noch gültig.

Als tiefenpsychologisch ausgebildeter medizinischer Psychotherapeut hatte ich bis in die 1990er Jahre noch die Vorstellung einer psychischen Ätiogenese transidenter Entwicklungen. Ich machte jedoch die Erfahrung, dass eine »Heilung« nicht möglich war und dass es deutliche Hinweise auf biologische Grundlagen gibt. Ich gelangte so zu dem heute mehrheitlich geteilten Verständnis von Transidentität als einer nicht als Psychopathologie anzusehenden Variante des Geschlechtserlebens. Eine Behandlung mit dem Ziel der Auflösung einer Transidentität wird heute als unethisch und deshalb nicht vertretbar angesehen. Befürwortet wird jedoch weiterhin eine sog. psychotherapeutische Begleitung transidenter Kinder und Jugendlicher, um ihnen auf ihrem sehr schwierigen Weg hin zu einer geschlechtsangleichenden medizinischen Behandlung zu helfen, aber auch aus dem Grund, dass Verlaufsstudien von transidenten Kindern eine hohe Rate von nicht persistierenden Verläufen aufgezeigt haben. Im Gegensatz zu erwachsenen transidenten Patient*innen ist daher vor allem im jüngeren Alter größere Vorsicht nötig, bevor geschlechtsangleichende medizinische Behandlungen empfohlen werden können.

Bei der psychotherapeutischen Begleitung wird keine spezifische therapeutische Ausrichtung empfohlen. Sie kann sowohl auf tiefenpsychologischer als auch auf verhaltenstherapeutischer Basis erfolgen, und das ist auch die heutige allgemeine Praxis. Die Mehrzahl der Behandler*innen ist heute verhaltenstherapeutisch ausgebildet. Als die Herausgeberinnen dieser verhaltenstherapeutischen Reihe mich nach Erstellung eines Beitrags fragten, habe ich auf meine tiefenpsychologische Therapieausbildung hingewiesen, jedoch auch darauf, dass ich wie schon während meiner langjährigen Tätigkeit als ärztlicher Leiter der kinder- und jugendpsychiatrischen Ambulanz des Frankfurter Universitätsklinikums immer ein differenziertes therapeutisches Vorgehen befürwortet habe – ohne Festlegung auf eine bestimmte Therapiemethode. Aus diesem Grunde bin ich der Empfehlung der Herausgeberinnen gefolgt, diesen vorliegenden Beitrag zu erstellen.

Bernd Meyenburg, Frühjahr 2020

1 Einführung

Die feste innere Gewissheit, nicht dem bei Geburt zugewiesenen Geschlecht, sondern dem Gegengeschlecht anzugehören, bezeichnen wir als Transidentität. Häufig verwendet wird auch der Begriff transgender, der den nur schwer in die deutsche Sprache übersetzbaren angloamerikanischen Begriff »gender« aufnimmt; »gender« beschreibt das psychisch empfundene Geschlecht im Gegensatz zum »sex«, dem körperlichen Geschlecht. Der Begriff transgender erlaubt zudem die Einführung des Gegenbegriffs »cisgender«, also die Übereinstimmung des bei Geburt zugewiesenen und des psychisch erlebten Geschlechts. Analog hat bereits 1995 Sigusch den Begriff »zissexuell« als Gegensatz zu dem mittlerweile nicht mehr verwendeten Begriff »transsexuell« geprägt. Die Begriffe Transsexualität und Transsexualismus werden heute als irreführende und nicht mehr angemessene Bezeichnungen angesehen, da es um die Geschlechtsidentität geht, nicht um die Sexualität. Ein anhaltendes und starkes Unbehagen und Leiden am eigenen biologischen Geschlecht wird heute als Geschlechtsdysphorie bezeichnet; dieser Begriff (gender dysphoria) wird auch im Klassifikationssystem DSM-5 der American Psychiatric Association (APA, 2013) verwendet. Die Weltgesundheitsorganisation WHO führte in ihrem neuen Klassifikationssystem für Krankheiten ICD-11 (WHO, 2018) den Begriff Geschlechtsinkongruenz (gender incongruence) ein.

In der Mehrzahl wünschen transidente Menschen, in allen Lebensbereichen als Person des von ihnen empfundenen Geschlechts zu leben, sie wünschen geschlechtsangleichende medizinische Behandlungen bis hin zu einer operativen Genitalkorrektur. Daneben gibt es aber auch Menschen, die sich einer binären Geschlechterordnung nicht zuschreiben lassen, dementsprechend auch keine oder nur eine partielle geschlechtsangleichende Behandlung wünschen und daher seltener in klinischen Behandlungszentren vorstellig werden; sie bevorzugen für sich die Begriffe »transgender« oder »nicht-binär«. Seltener gesehen werden weiterhin Personen mit wechselndem Geschlechtszugehörigkeitsempfinden, die sich als »gender fluid« bezeichnen (▶ Tab. 1.1).

Um die stark angewachsene Geschlechtervielfalt und die vielfältigen Formen transidenter Entwicklungen angemessen zu beschreiben, wird in diesem Band das sog. Gender-Sternchen verwendet, wenn mehr als ein Geschlecht beschrieben werden soll, z. B. Patient*innen. Das alternativ häufig verwendete große Binnen-I (PatientInnen) und der sog. Gender-Gap (Patient_innen) schreiben im Gegensatz zum Gender-Sternchen die Geschlechtsbinarität fest und werden daher hier nicht verwendet.

Bei Erwachsenen sind transidente Entwicklungen lange bekannt; schon 1926 wurde erstmals über geschlechtsangleichende Operationen berichtet (Mühsam,

Tab. 1.1: Trans*Nomenklatur

Begriff	Erläuterung
Transidentität	Gewissheit, dem Gegengeschlecht anzugehören
Transsexualität, Transsexualismus, transsexuell	alte Bezeichnung für Transidentität
Geschlechtsdysphorie	psychisches Leiden am biologischen Geschlecht
Geschlechtsinkongruenz	Auseinanderfallen von körperlichen Geschlechtsmerkmalen und Geschlechtsidentität
nicht-binäre Geschlechtsidentität	Geschlechtsidentität jenseits der Dichotomie männlich-weiblich
gender-fluide Geschlechtsidentität	wechselnde Geschlechtsidentität
transgender	sich nicht dem bei Geburt zugewiesenen Geschlecht zugehörig empfindend
cisgender	Übereinstimmung von körperlichen Geschlechtsmerkmalen und Geschlechtsidentität

1926). Transidente Kinder und Jugendliche wurden jedoch kaum beachtet. Erst in den späten 1970er und 1980er Jahren wurde systematisch begonnen, Kinder und Jugendliche mit Geschlechtsdysphorie zu behandeln. Es wurden Therapiezentren in New York, Toronto, London, Amsterdam, in Deutschland in Frankfurt, Hamburg, Berlin und in neuerer Zeit in Münster, Leipzig, München, Aachen und Würzburg aufgebaut, bis in die 1990er Jahre noch mit dem Ziel einer Heilung der Transidentität. Es stellte sich jedoch heraus, dass viele transidente Kinder und insbesondere Jugendliche an ihrem inneren Geschlechtszugehörigkeitsempfinden festhielten, nicht »heilbar« waren. Zudem stieg die Zahl behandlungssuchender transidenter Kinder und Jugendlicher seit der Jahrtausendwende sehr stark an.

In Deutschland bestehen nur sehr wenige spezialisierte Behandlungszentren, nur selten sehen sich Kinder- und Jugendpsychiater*innen und Psychotherapeut*innen in der Lage, diese Patient*innen zu behandeln, sodass lange Zeiten der Suche nach einem Therapieplatz die Folge sind. Sehr oft führt dies zu großer Verzweiflung und starkem psychischen Leiden bis hin zu Suizidalität. Wünschenswert und Anliegen dieses Bandes ist es, Kenntnisse über transidente Entwicklungen im Kindes- und Jugendalter zu vermitteln und psychiatrisch und psychotherapeutisch tätige Kolleg*innen zu ermutigen, diese Patient*innen zu behandeln. Dazu gehören auch Kenntnisse über mögliche medizinische geschlechtsangleichende Behandlungen und rechtliche Aspekte, die deshalb ebenfalls in diesem Band dargestellt werden. Für Transidente ist es wichtig, dass ihre Therapeut*innen mit der Thematik erfahren sind, andernfalls kommt es häufig zu dem Gefühl nicht verstanden zu werden und nicht die richtige Hilfe zu erhalten.

2 Erscheinungsbilder

Bei vielen in Spezialsprechstunden, kinder- und jugendpsychiatrischen Ambulanzen und Praxen vorgestellten Behandlungssuchenden finden sich neben der regelhaft vorliegenden Geschlechtsdysphorie kaum psychische Störungen. Die gewünschte geschlechtsangleichende Behandlung führt bei den Betroffenen meistens zu einem Verschwinden zuvor vorhandener geschlechtsdysphorischer Auffälligkeiten wie Depressionen, selbstverletzendes Verhalten und Suizidgedanken. Allerdings liegen bei etwa der Hälfte der Betroffenen doch erhebliche weitere psychische Auffälligkeiten vor, die eine Behandlung sehr erschweren sowie ein regelhaftes Einhalten von Leitlinienempfehlungen unmöglich machen können.

Als Beispiele dargestellt werden psychisch unauffällige und auffällige transidente Kinder und Jugendliche, Beispiele von persistierenden und desistierenden Verläufen, weiterhin Beispiele von nicht-binären transidenten Entwicklungen und sog. fluider Transidentität, die zunehmend häufig beobachtet werden, wohl immer in größerer Zahl vorhanden waren, es in der Vergangenheit aber nicht wagten, Transidentitätssprechstunden aufzusuchen oder dies als nicht notwendig ansahen.

In den Überschriften werden bei Geburt dem weiblichen Geschlecht zugewiesene, sich als Jungen empfindende Kinder als Transjungen, bei Geburt dem männlichen Geschlecht zugewiesene, sich als Mädchen empfindende Kinder als Transmädchen bezeichnet. Bei Jugendlichen mit klarem geschlechtsbinärem Verlauf wird das in der wissenschaftlichen Literatur übliche Kürzel FtM (Female-to-Male) bzw. MtF (Male-to-Female) verwandt, um nicht die sprachlich unschöne und umständliche Bezeichnung »Transjugendlicher, geburtsgeschlechtlich weiblich resp. männlich« einführen zu müssen.

2.1 Erscheinungsbilder in der Kindheit

2.1.1 Transjunge mit persistierendem Verlauf: Max

Vorgestellt wurde der siebenjährige, geburtsgeschlechtlich weibliche Max, der durchgehend seit der frühesten Kindheit den Wunsch geäußert hatte, als Junge zu leben. Max wirkte bereits sehr überzeugend wie ein Junge, dieses aufgrund seiner Kleidung, seiner kurz geschnittenen Haare und seiner Gestik, Mimik und Sprache. Verbal drückte er sich klar und überzeugend jungenhaft aus, selbst seine Tonlage war bereits die eines Jungen.

Die Vorstellung erfolgte auf Anraten seiner Klassenlehrerin in der Grundschule. Hier trat er bereits weitgehend als Junge auf, er hatte nur Jungen als Freunde, spielte am liebsten Fußball, ging nur auf die Jungentoiletten. Zum Sportunterricht zog er sich bei den Lehrer*innen um, anfangs hatte er sich nur bei den Jungen umziehen wollen. Angesprochen wurde er allerdings noch mit seinem weiblichen Vornamen Clara, er wurde aber von den Mitschülern »der Clara« genannt.

Die Eltern hatten sich drei Jahre zuvor getrennt. Max lebte bei seiner Mutter, die seine jungenhaften Interessen tolerierte. Zum Vater, der einen Bauernhof besaß, hatte Max regelmäßigen Kontakt. Sehr gerne half er seinem Vater bei der Arbeit, am liebsten fuhr er mit auf seinem Traktor und half beim Pflügen der Felder. Auch versorgte er mit Vorliebe die Pferde und Schafe, die der Vater auf seinem Hof hielt. Vom Vater wurde Max allerdings nicht als Junge akzeptiert, er versuchte dagegen zu arbeiten, wollte beispielsweise Max' Wunsch nicht tolerieren, nur die Männertoiletten zu aufzusuchen. Der Vater berichtete, Max werde daraufhin aber sehr verschlossen und bockig, weshalb er schließlich doch nachgab, um sein Kind nicht zu verlieren.

Die psychiatrische Untersuchung ergab neben der Geschlechtsdysphorie keine Auffälligkeiten. Der kognitive Entwicklungsstand war sehr gut. Befragt nach bevorzugten Spielinteressen benannte Max jungentypische Spiele wie Fußball, Spielen mit Autos und Eisenbahn, abgelehnt wurden mädchentypische Interessen wie Spielen mit Puppen, Ballett und Tanz. Als Menschzeichnung fertigte er die eines lachenden Jungen an, nach Aufforderung, eine Figur des Gegengeschlechts zu zeichnen, die eines böse dreinschauenden Mädchens.

Wir stellten nach ICD-10 die Diagnose »Geschlechtsidentitätsstörung des Kindesalters«, empfahlen eine ergebnisoffene Therapie, weiterhin, dass Max in der Schule zunächst noch mit seinem Mädchennamen angesprochen werden sollte, um hiermit noch keine richtungsweisende Entscheidung zu treffen. Es sollte allerdings kein Versuch unternommen werden, Max aktiv zum Mädchensein hinzuführen. Seine Jungeninteressen sollten weiterhin akzeptiert werden.

Wieder vorgestellt wurde Max drei Jahre später im Alter von zehn Jahren. Der Wunsch, als Junge zu leben, bestand unverändert. Es war ein kurzer Therapieversuch unternommen worden. Max lehnte die Therapie jedoch bald ab, auch seine Therapeutin sah angesichts der unverändert nicht vorhandenen psychischen Auffälligkeiten keinen Sinn darin, Max zu einer Therapie zu zwingen. Max war weiterhin sozial sehr gut eingebunden, er hatte viele Freunde und besuchte weiter seinen Fußballverein. Auf Betreiben seiner ihn durchgehend sehr engagiert unterstützenden Klassenlehrerin war vom Jugendamt eine Integrationshelferin zur Verfügung gestellt worden, die Max im Alltagsleben unterstützte, als Junge auftreten zu können, z. B. in seinem Verein.

Die familiäre Situation war unverändert. Max unterhielt weiter regelmäßige Kontakte zum Vater, auf dessen Hof er wie zuvor am liebsten mit auf dem

Traktor fuhr. Der Vater akzeptierte es nur widerstrebend, dass Max bereits weitgehend als Junge lebte. Er wurde von ihm weiterhin mit seinem weiblichen Vornamen angesprochen.

Max war sehr besorgt, weil erste leichte weiblich-pubertäre Veränderungen wie Vergrößerung seiner Mamillen (Brustwarzen) eingetreten waren.

Angesichts der sehr eindeutigen transidenten Entwicklung empfahlen wir, Max solle nach dem in Kürze anstehenden Schulwechsel voll in der männlichen Geschlechtsrolle leben, nur noch mit seinem männlichen Vornamen gerufen werden. Er sollte somit gänzlich in die Phase der Alltagserprobung eintreten. Dieses gelang auch problemlos, die weiterführende Gesamtschule verhielt sich sehr kooperativ.

Ein Jahr darauf, im Alter von elf Jahren, wurde nach vorausgehender pädiatrisch-endokrinologischer Untersuchung eine pubertätshemmende Hormonbehandlung begonnen. Es war zu einem leichten, allerdings kaum sichtbaren Brustwachstum gekommen, die Menarche war noch nicht eingetreten. Max befand sich somit im Tanner-Stadium II, ab dem nach AWMF- und WPATH-Leitlinien (▶ Kap. 3) diese Therapie empfohlen wird. Für Max war diese Therapie sehr entlastend. Er konnte weiter mit Badehose schwimmen gehen, er wurde und wird bis heute allgemein problemlos als Junge akzeptiert. Es kam jedoch zu einem Zerwürfnis mit dem Vater, der ihn bis heute nicht als Junge akzeptiert, ihn weiterhin betont als Clara ansprach, solange noch Kontakt bestand. Da das Sorgerecht bei der Mutter lag, konnte der Vater die von ihm abgelehnte pubertätshemmende Behandlung nicht verhindern.

Zuletzt vorgestellt wurde Max ein weiteres Jahr später im Alter von gut zwölf Jahren. Er war groß gewachsen, er wirkte älter als seinem kalendarischen Alter entsprechend. Auffallend war seine recht tiefe männliche Stimme. Max hatte zusammen mit seiner Mutter den Antrag auf Vornamens- und Personenstandesänderung nach dem sog. Transsexuellengesetz gestellt, notwendig hierfür waren zwei Fachgutachten. In beiden Gutachten wurde eine mit sehr hoher Wahrscheinlichkeit unumkehrbare transidente Entwicklung attestiert, dem Antrag wurde stattgegeben.

Als nächster Schritt stand jetzt der Beginn der gegengeschlechtlichen Hormonbehandlung mit Androgenen an, für die bei Max angesichts des sehr klaren, zweifelsfreien Verlaufs seiner transidenten Entwicklung die in den Leitlinien (noch) empfohlene Altersgrenze von 16 Jahren sicher unterschritten werden konnte. Wichtig ist es in dieser Entwicklungsphase, es transidenten Jugendlichen zu ermöglichen, nicht auffällig hinter die pubertäre Entwicklung in ihrer Peergruppe zurückzufallen.

Max ist ein Beispiel eines sich psychisch gesund entwickelnden Transjungen mit einem seine Transidentität klar ablehnenden Elternteil. Diese Situation ist insbesondere bei getrennt lebenden Eltern nicht selten anzutreffen und erfordert intensivere Elternarbeit. Es wurden hier zusätzliche Beratungsgespräche mit den Eltern durchgeführt, in denen der Versuch unternommen wurde, den sich ablehnend verhaltenden Vater davon zu überzeugen, es werde zu starkem Leiden führen, wolle man Max davon abhalten, in dem von ihm als richtig empfundenen männlichen Geschlecht zu leben. Im Allgemeinen versuchen wir dieses den Eltern zu verdeutlichen, indem wir sie beispielsweise auffordern sich vorzustellen, sie würden gezwungen, als Person des Gegengeschlechts zu leben. Wo möglich empfehlen wir auch, die an vielen Orten bereits existierenden Selbsthilfegruppen aufzusuchen.

Leider gelang es bei Max nicht, den Vater von seiner ablehnenden Haltung abzubringen, es kam zum Bruch der Beziehung. Es lag allerdings das alleinige Sorgerecht bei der Mutter, so dass der Vater die Behandlung nicht verhindern konnte. Liegt das Sorgerecht bei beiden Eltern, ergibt sich eine sehr schwierige Situation. In manchen Fällen ist die einzig mögliche Lösung der Gang zum Familiengericht, um dem ablehnenden Elternteil das Sorgerecht zu entziehen. Begründet werden kann dieses mit einer erheblichen Gefährdung der seelischen Gesundheit des Kindes, falls eine geschlechtsangleichende Behandlung nicht zugelassen wird.

2.1.2 Transmädchen mit persistierendem Verlauf: Lena

Die zehnjährige Lena wurde von ihrer alleinerziehenden Mutter vorgestellt. Lena berichtete, sie sei seit der frühesten Kindheit fest davon überzeugt gewesen ein Mädchen zu sein. Die Schule habe sie zunächst noch auf Drängen der Mutter als Junge gekleidet besucht. Ab der zweiten Klasse habe sie aber darauf bestanden, die Schule als Mädchen zu besuchen. Seitdem lebe sie durchgehend als Mädchen. Der Rollenwechsel habe laut Mutter zu einer deutlichen psychischen Entlastung Lenas geführt, wenn auch andere Kinder zunächst sehr negativ darauf reagiert hätten, sie beschimpft hätten. Gebessert habe sich dieses nach einem Klassenwechsel.

Der Mutter war es anfangs schwergefallen, die weibliche Identität ihres Kindes zu akzeptieren. Eine Erzieherin im Kindergarten habe ihr sehr geholfen und sei auch sehr hilfreich gewesen, kompetente Behandler*innen zu finden. Lena wurde bei mehreren mit der Thematik Transidentität erfahrenen Fachärzt*innen und Psychotherapeut*innen vorgestellt, auch in einer Beratungsstelle für Transidentität. Niemand habe Zweifel an der transidenten Entwicklung geäußert. Von einem ebenfalls konsultierten pädiatrischen Endokrinologen war jedoch vor der anstehenden pubertätshemmenden Behandlung und aufgrund des jungen Alters das Einholen einer Zweitmeinung von einer/einem Gender-Spezialist*in empfohlen worden.

Zur Vorgeschichte der Identitätsentwicklung berichtete die Mutter, dass Lena schon in der frühesten Kindheit in die Schuhe der Mutter schlüpfte, fantasievoll mit Tüchern weibliche Kleidung imitierte, gerne die Haare lang tragen wollte. Dieses ließ die Mutter ab dem Alter von vier Jahren auch zu. Auf alten Fotos, auf denen Lena noch mit kurzgeschnittenen Haaren zu sehen war, wollte sie sich heute nicht wiedererkennen, das sei nicht sie! Bevorzugt habe sie Mädchenspielsachen wie Puppen, gespielt habe sie meist mit Mädchen. Auch im Kindergarten waren ihre mädchenhaften Interessen sofort auffällig. Sie habe leidenschaftlich gerne in der Puppenecke gespielt, sich immer als Mädchen gekleidet, habe verlangt, nur mit ihrem Mädchennamen Lena gerufen zu werden. Nur sehr ungern habe sie sich im ersten Schuljahr als Junge gekleidet; von der Mutter war befürchtet worden, sie werde ausgegrenzt, komme in eine soziale Außenseiterposition. Zu Beginn der zweiten Klasse habe sie dann ihr Lieblingskleid angezogen und sei nur noch als Mädchen aufgetreten.

Lena war ein schmalwüchsiges, noch recht kindlich wirkendes Mädchen. Sie trug engsitzende Mädchenhosen, einen pinkfarbenen Wollpullover mit Glitzersteinen, ihre blonden Haare trug sie lang. Mehrfach flocht sie während des für sie viel zu lang dauernden Untersuchungsgesprächs daraus Zöpfe. In Gestik, Mimik und Sprachduktus wirkte sie sehr authentisch mädchenhaft.

Sie berichtete, meist gut als Mädchen anerkannt zu werden. Es gebe aber doch Schüler*innen, die »ganz schlimme Sachen« über sie sagten. Sie benannte eine große Zahl von besten Freundinnen, die alle Bescheid wüssten und sie gut akzeptierten. In der Schule kleide sie sich zum Sportunterricht bei den Mädchen um. Ihre Schulleistungen seien sehr gut, sie komme sicher aufs Gymnasium. Sie sei stellvertretende Klassensprecherin.

Die psychiatrische Untersuchung ergab keinerlei Auffälligkeiten. Altersentsprechend wirkte Lena noch kindlich, jedoch waren Ansätze pubertärer Interessen sichtbar, beispielsweise betont modisch-mädchenhaftes Auftreten. Themen wie Liebe, Sexualität waren sehr schambesetzt. Einer ihrer größten Wünsche sei es, dass ihre Brüste (wie schon bei einigen ihrer Freundinnen) wüchsen.

In einem in der Frankfurter Sprechstunde entwickelten Interessenwahlverfahren für transidente Kinder wählte sie bevorzugt mädchentypische Interessen wie Schmuck, Kosmetik, Tanz, abgelehnt wurden jungentypische Interessen wie Autos, Eisenbahn, Kampfsport. In einem ebenfalls in der Frankfurter Sprechstunde entwickelten Eigenschaftswahlverfahren schrieb sie sich sowohl weiblich als auch männlich konnotierte Eigenschaften zu: warmherzig, brav, kinderlieb, aber auch technisch begabt, stark, mutig und durchsetzungsfähig.

Gerade dieses nicht geschlechtsstereotype Selbstbild, ihr eindeutig mädchenhaftes Erscheinungsbild und Auftreten, ihr Insistieren, nur als Mädchen die Schule besuchen zu wollen und der durchgehende Verlauf seit der frühesten Kindheit ließen keine Zweifel an einer Transidentität aufkommen. Empfohlen wurde der Beginn einer pubertätshemmenden Behandlung nach den AWMF-Leitlinien nach Erreichen des pubertären Tanner-Stadiums II (▶ Kap. 3). Dieses war nach Einschätzung des pädiatrischen Endokrinologen in spätestens einem Jahr zu erwarten, somit im 11. Lebensjahr Lenas. Im weiteren Verlauf war bei Lena sicher zu erwarten, dass schon vor dem 16. Lebensjahr die Behandlung mit weiblichen Sexualhormonen begonnen wurde, um ihr eine halbwegs normale pubertäre Entwicklung zu ermöglichen. Dieses geschah auch bereits im Alter von 14 Jahren; Lena war zuvor in zwei Gender-Zentren vorgestellt worden. Heute (2019) steht sie kurz vor einer genitalangleichenden plastisch-chirurgischen Behandlung, die mit Erreichen der Volljährigkeit geplant ist.

Lena befand sich bereits in psychotherapeutischer Behandlung. Sie ist jedoch wie Max ein Beispiel dafür, dass eine Regelbehandlung bei ihr nicht notwendig ist. Ausreichend ist bei ihr eine niedrigfrequente Begleitung in monatlichen Abständen, so dass eine zeitnahe Anbindung im Krisenfall gewährleistet ist.

Es folgen zwei Beispiele desistierender transidenter Entwicklungen, beide bei geburtsgeschlechtlichen Jungen. Die Intensität des Wunsches, als Mädchen zu leben war unterschiedlich stark ausgeprägt; eben diese Intensitätsausprägung wird oftmals als prädiktiver Faktor für eine Persistenz transidenter Entwicklungen angesehen. Bei beiden Jungen war sie deutlich weniger intensiv ausgeprägt als bei den beiden vorausgehenden Beispielen für persistierende transidente Entwicklungen.

2.1.3 Transmädchen mit desistierendem Verlauf: Alex

Der fünfjährige Alex wurde in der Transidentitätssprechstunde vorgestellt, weil er seit dem zweiten Lebensjahr wünschte, eine Hexe möge kommen, die ihn zu einem Mädchen mache. Alex liebte Puppen, rosafarbene Kleider, er spielte am liebsten mit Mädchen, daheim am liebsten mit seiner Puppenküche. Er liebte Windeln, zog sich auch selbst Windeln an und sagte, er wäre gerne ein Baby. Er trug jedoch in der Öffentlichkeit durchgehend Jungenkleidung. Zudem war er sehr trennungsängstlich. Die Mutter klagte, sie könne nicht einmal alleine die Wäsche aufhängen, denn Alex habe Angst, dass sie nicht zurückkomme. In letzter Zeit zeige er aber doch auch Interesse an Jungenspielen wie Lego und Fußball.

Alex ist Einzelkind, er lebte mit seiner Mutter und deren Partner. Vom Vater trennte sich die Mutter nach Alex' zweitem Geburtstag. Der Vater war Arzt, ein sehr maskuliner Mann, zu dem Alex engen Kontakt hielt. Ein Trennungsgrund war die berufsbedingte häufige Abwesenheit des Vaters. Selbst wenn er daheim gewesen sei, habe er sich viel zurückgezogen und seinen Hobbies gewidmet. Der Vater wurde von Alex ungemein verehrt, er sei »sein Gott«. Vom Vater wurden Alex' feminine Interessen wie lange Haare und Lackieren von Fuß- und Fingernägeln stark missbilligt, woraufhin Alex dieses aufgab.

Alex war ein hübscher, fröhlich und unbeschwert wirkender Junge. Zunächst mochte er nicht über seine Interessen an Mädchendingen sprechen, er äußerte dann aber doch, er wäre viel lieber ein Mädchen, wenn er noch einmal auf die Welt kommen könnte. Befragt nach seinen Spielinteressen nannte er sowohl mädchentypische Interessen wie das Puppenhaus und Handarbeiten als auch jungentypische Interessen wie Fußball, Waffen, Klettern.

Alex wurde ein Jahr lang psychotherapeutisch behandelt, parallel fanden Gespräche mit beiden Elternteilen statt. Angeboten wurden in den wöchentlichen Therapiestunden sowohl Mädchenspielsachen wie Puppen und ein Puppenhaus als auch Jungenspielsachen wie Fußball, Autos. Sehr rasch ging sein Interesse an Mädchendingen zurück, es war sehr schnell eine eher überschießende männliche Identifizierung sichtbar wie kräftiger Händedruck, fast rüpelhaftes Gebaren. Dieses überschießend männliche Gebaren milderte sich im Verlauf der Therapie ab, Alex war am Ende gänzlich positiv jungenhaft identifiziert.

Dazu bei trug sicher, dass es im Laufe des Therapiejahres zu einer schrittweisen Ablösung von dem überidealisierten Vater gekommen war, als der neue Lebenspartner der Mutter, ein deutlich weicher als der Vater wirkender Mann, an die Stelle des leiblichen Vaters getreten war.

14 Jahre später konnten wir anlässlich einer Katamnesestudie mit dem jetzt 21-jährigen Alex telefonieren. Er lebte mit einer Freundin zusammen, hatte einen handwerklichen Beruf erlernt. Er hatte keinerlei Erinnerung an die Behandlung in unserer Klinik mehr.

Es lag bei Alex keine grundlegende Identifizierung mit dem Gegengeschlecht vor, vielmehr ist anzunehmen, dass die Phase femininer Interessen eine Reaktion auf die Trennung der Eltern war. In Alex' Erleben wurden starke Männer von der Mutter abgelehnt, er suchte Sicherheit in der weiblichen Rolle. In seinem Inneren blieb er jedoch männlich identifiziert, es kam zu einem schnellen Rückgang seiner femininen Interessen nach Beginn der Therapie mit einem hierauf offen reagierenden Therapeuten und auch nach Ablösung vom leiblichen Vater und Annäherung an den weicheren Stiefvater. Die Diagnose einer transidenten Entwicklung war somit bei Alex als in atypischer Form vorliegend zu stellen, denn es lag keine feste innere Überzeugung vor, dem Gegengeschlecht anzugehören.

Die besondere familiäre Dynamik machte in Alex' Fall eine intensivere familientherapeutische Arbeit besonders wichtig. Sie half Alex, eine gesündere Beziehung zum zuvor überidealisierten Vater zu finden und sich somit sicherer in seiner männlichen Identität zu fühlen. In der Einzeltherapie mit Alex war sicher auch das Geschlecht des Behandlers von Bedeutung, mit dem sich Alex zu identifizieren begann. Es liegt hier eine ähnliche Entwicklung wie bei dem von Ralph Greenson (1966) behandelten Jungen vor, bei dem als wesentliche Dynamik, die zur Auflösung des transidenten Wunsches führte, die »dys-identification from mother« beschrieben wird. Anzumerken ist jedoch, dass das Geschlecht des Therapeuten in der Regel nicht bedeutsam ist, es sind keine Unterschiede der Behandlungsergebnisse weiblicher vs. männlicher Therapeut*innen bekannt.

2.1.4 Transmädchen mit desistierendem Verlauf: Noah

Der sechsjährige Noah wurde von seinen Eltern vorgestellt, weil er den Wunsch hatte, ein Mädchen zu sein. Schon im frühesten Kindesalter war aufgefallen, dass er gerne lange Frauenstiefel anzog. In seinem Zimmer seien nur Mädchenspielsachen zu finden, insbesondere viele Barbiepuppen und Ponypferdchen. Die Eltern berichteten, Noah sei ein sehr fantasiereiches Kind, stundenlang könne er sich in Fantasiegeschichten hineinversenken. Meistens übernehme er dann die Rolle eines Mädchens oder einer Frau. Im Kindergarten spiele er bevorzugt mit Mädchen. Zum Fasching habe er sich als Zauberer oder als Hexe verkleidet. Er singe und tanze gern, sei sogar bei einer größeren Veranstaltung auf die Bühne gesprungen und habe ein Schlagerlied einer bekannten Sängerin gesungen. Dieses sei nach Ansicht der Eltern so besonders erstaunlich gewesen, weil er sonst ein eher schüchternes Kind sei. In letzter Zeit habe Noah verstärkt, fast täglich, den Wunsch geäußert als Mädchen zu leben, er wolle kein Junge mehr sein, sich den Penis abschneiden. Besorgt waren die Eltern wegen der jetzt bevorstehenden Einschulung, denn Noah hatte schon den Wunsch geäußert, in Mädchenkleidern in die Schule zu gehen.

Noah ist der jüngere von zwei Söhnen, der drei Jahre ältere Bruder entwickelte sich unauffällig jungenhaft, sei beispielsweise ein begeisterter Fußballspieler, was Noah gar nicht möge. Beide Eltern sind Akademiker, arbeiteten im Wirtschaftsbereich.

Noah war ein altersgemäß entwickelter Junge, er verhielt sich sehr kommunikationsfreudig. Er war jungenhaft gekleidet, trug kurze Hosen und ein T-Shirt. Die Haare trug er mittellang. In Gestik und Mimik wirkte er nicht auffällig feminin, teilweise sogar deutlich jungenhaft, wenn er sich durchzusetzen versuchte und rief: »Endlich aufhören hier!«

Noah berichtete er wisse, warum er hier sei: er solle erzählen, dass er lieber ein Mädchen sein wolle. Das stimme auch. Er berichtete, er spiele am liebsten mit Mädchenspielsachen, insbesondere mit Barbiepuppen und Playmobilfiguren. Gerne möchte er zaubern können. Seine drei magischen Wünsche waren:
1. viel Geld, davon würde er viel Essen kaufen, Barbiepuppen und noch mehr Ponyfiguren,
2. ein Schloss,
3. lange Haare,
spontan fügte er noch die Wünsche nach »ganz schönen Stöckelschuhen« und einem hübschen Kleid hinzu.

Noah war sehr wohl in der Lage, die anatomischen Geschlechtsunterschiede zu benennen. Er wünschte, seinen Penis weg haben zu wollen. Vorteile, einen Penis zu haben, konnte er nicht benennen.

Noah schien nicht interessiert, einen Mädchennamen zu führen. Er habe sich auch noch keinen Mädchennamen ausgedacht. Er werde überall mit seinem Jungennamen gerufen.

Formal war nach Abschluss der Erstuntersuchung zwar (nach ICD-10) die Diagnose einer Geschlechtsidentitätsstörung des Kindesalters zu stellen. Mehrjährig durchgehend hatte Noah den Wunsch geäußert, ein Mädchen sein zu wollen, er wünschte den Penis abgeschnitten zu bekommen. Andererseits war auffällig, dass Noah nicht daran dachte, sich mit einem Mädchennamen ansprechen zu lassen, wie es sehr häufig bei Kindern mit persistierendem Verlauf der Fall ist (siehe vorausgehender Fall Lena). Auch wirkte er vom äußeren Erscheinungsbild, von Gestik und Mimik her jungenhaft. Diskutiert wird zudem seit langer Zeit, ob eine Verlaufsprognose aufgrund der Aussagen gemacht werden kann, dass der *Wunsch* geäußert wird, dem Gegengeschlecht anzugehören, oder aber die feste innere Überzeugung, ein Kind des Gegengeschlechts zu *sein* (wie im Fall Lenas). Hierzu liegen jedoch keine validen Studien vor, hilfreich können diese unterschiedlichen Aussagen bei der Verlaufseinschätzung dennoch sein.

Da bei Noah von einer transidenten Entwicklung mit deutlich geringerer Sicherheit als bei Lena auszugehen war, wurde den Eltern geraten, Noah sollte die Schule in Jungenkleidung besuchen, Verkleiden und Mädchenspiele sollten auf die Freizeit und das Elternhaus beschränkt bleiben. Mit Noah wurde besprochen, dass es Kinder gibt, bei denen dieser Wunsch bestehen bleibt, bei anderen verschwinde er jedoch wieder. Man müsse daher warten, bis er älter sei. Noah schien dieses gut zu verstehen, er wirkte sogar etwas erleichtert.

Ein Jahr später erschien die Mutter ohne Noah. Dieser hatte erklärt, er wolle nicht mitkommen, denn er wolle doch gar kein Mädchen mehr sein. Die Mutter berichtete von einem deutlichen Rückgang des unbedingten Wunsches, als Mädchen zu leben. Noah sei nach der Erstuntersuchung deutlich ruhiger geworden. Er ziehe sich deutlich weniger zurück, wenn Kinder zu Besuch kämen, trage dann auch zuhause – von sich aus – Jungensachen. Die Schule besuche er in Jungenkleidung. Er sei ein sehr beliebtes Kind, vor allem bei den Mädchen. Er habe erklärt, er wolle heiraten und Kinder bekommen. Zu Fasching habe er sich als Harry Potter verkleidet. Auch finde er seinen Penis mittlerweile recht praktisch! Allein zuhause trage er jedoch immer noch gerne Mädchensachen. Er habe auch den Wunsch geäußert, im Urlaub ganz als Mädchen aufzutreten, denn ihn kenne da ja niemand. Weiterhin sei er sehr fixiert auf hochhackige Schuhe.

Die Diagnose einer transidenten Entwicklung war somit nicht mehr zu stellen. Mögliche Verlaufsformen könnten die in Richtung einer homosexuellen Partnerwahl oder aber auch in Richtung von klassischen fetischistischen Interessen sein, beides kein Grund, eine Therapie anzuraten.

2.2 Erscheinungsbilder im Jugendalter

2.2.1 FtM transidenter Jugendlicher mit persistierendem Verlauf, psychisch unauffällig: Aisha → Hussein

Die bei Erstvorstellung 13-jährige Aisha war zusammen mit ihrer Mutter und zwei älteren Schwestern ein Jahr nach ihrer Geburt aus ihrem kriegszerrissenem Heimatland nach Deutschland geflohen. Die Mutter, selbst jüngstes von zwölf Kindern, hatte keine Schule besuchen können, war zwangsverheiratet und von ihrem Mann schwer misshandelt worden. Der Vater und dessen Familie seien besonders enttäuscht gewesen, weil nur Töchter geboren wurden. Das jüngste Kind Aisha habe gar weggegeben werden sollen.

Die hochintelligente Mutter holte in Deutschland die ihr versagte Schulbildung nach, begann Literatur zu studieren, schreibt selbst Romane. Die ältesten zwei Töchter studierten bereits, Aisha war die Klassenbeste im Gymnasium.

Die beiden älteren Töchter entwickelten sich unauffällig geschlechtstypisch weiblich, Aisha habe jedoch seit dem Kindergartenalter nur Jungenkleider tragen wollen, nur mit Jungen spielen wollen, dieses aber nicht gedurft. Seit dem Schulalter trug sie nur noch neutrale Kleidung, nie Kleider.

Wenige Monate vor der Erstvorstellung hatte sie der Mutter berichtet, sie fühle sich als Junge. Diese sei zunächst hiervon überrascht gewesen, hatte aber nach Hilfe gesucht.

Aisha trat bereits bei der Erstuntersuchung recht männlich wirkend auf. Sie verhielt sich still und zurückhaltend, verfolgte aber mit großer Entschiedenheit ihr Ziel, als männliche Person anerkannt zu werden. Durchgehend habe sie es sich seit ihrer frühen Kindheit gewünscht, ein Junge zu sein. Schon im Kindergarten habe sie abends gebetet, dass sie am nächsten Morgen als Junge wieder aufwache. Sie habe fantasiert, dass sie abhaue und geheim als Junge lebe, aber ihre Familie habe ihr doch sehr viel bedeutet, so dass sie diesen Plan nicht weiterverfolgt habe.

Ihre weiblichen Körpermerkmale erlebte Aisha als abstoßend. Die Brüste band sie ab. Sehr stolz war sie hingegen auf ihren deutlich sichtbaren dunklen Haarwuchs an Armen und Beinen und Oberlippe. Über das Thema Transidentität zeigte sie sich wohl informiert. Sie wünschte sich eine pubertätshemmende Behandlung, danach eine Behandlung mit männlichen Hormonen, möglichst bald auch die operative Brustentfernung.

Bis auf die Geschlechtsdysphorie war Aisha psychisch sehr gesund, kognitiv hochbegabt, sozial gut eingebunden. Wir stellten die Diagnose einer sehr typisch verlaufenden transidenten Entwicklung mit erheblicher Geschlechtsdysphorie, die sich mit Einsetzen der pubertären Veränderungen sehr verstärkt hatte. Aisha begab sich in psychotherapeutische Behandlung, sie outete sich in der Schule und lebt seitdem als Hussein.

Ein Jahr später stellte sich Hussein wieder in der Sprechstunde vor. Sein männliches Erscheinungsbild hatte sich deutlich verstärkt. In allen Lebensbereichen wurde er jetzt als männliche Person akzeptiert. Auch die Familie der Mutter sah ihn nun als Jungen an. Empfohlen wurde jetzt die pubertätshemmende Behandlung, ein weiteres Jahr später die Behandlung mit männlichen Hormonen. Hussein war in der Folge hochzufrieden über die sehr schnell eintretende Vermännlichung seines Körpers. Während eines einjährigen Auslandsaufenthalts in den USA im Alter von 16 Jahren trat er offen als transidenter Jugendlicher auf und wurde von seinen Gastfamilien als solcher sehr positiv aufgenommen. Es waren Gastfamilien für ihn gesucht worden, die selbst transidente Kinder hatten. Nach diesem Auslandsjahr strebte er die operative Brustentfernung an, die mit 17 Jahren von seiner Krankenkasse bewilligt und dann durchgeführt wurde. Angesichts der sehr eindeutigen und zweifelsfreien Diagnose war ein Unterschreiten der leitlinienkonformen Altersgrenze von 18 Jahren empfohlen worden. Er strebte jetzt – mittlerweile volljährig – auch die genitalkorrigierende Operation an.

Im Gegensatz zu Hussein haben transidente Kinder in muslimischen, aber auch in konservativ-christlichen Familien es oftmals sehr schwer, Akzeptanz zu finden. Behandlung suchten in der Frankfurter Transidentitätssprechstunde auch Transmädchen, die von ihren Familien verstoßen wurden, die nachfolgend in Jugendhilfeeinrichtungen lebten. Hier ist der Versuch wichtig, mit den Familien auf eine Akzeptanz der Transidentität ihres Kindes hinzuarbeiten, die allerdings leider nicht immer möglich ist.

2.2.2 FtM transidenter Jugendlicher mit schwerer psychischer Störung, persistierender Verlauf: Christa → Markus

Die 16-jährige Christa wurde auf Anraten ihrer analytischen Psychotherapeutin vorgestellt, bei der sie sich seit zwei Jahren in Behandlung befand. Sie hatte ihrer Therapeutin berichtet, dass sie sich als Mädchen nicht wohl fühle. Bei der Erstvorstellung erklärte sie der festen Überzeugung zu sein, sie möchte ein Mann sein, sie wünsche auch geschlechtsangleichende Operationen. Sie wolle »die Brüste weghaben und ein männliches Geschlechtsteil«. Sie trat bereits jungenhaft gekleidet mit tiefsitzenden Jeanshosen und mit kurzgeschnittenen Haaren auf.

Christa lebte seit über zwei Jahren in einer Mädchenwohngruppe. Den Grund zu nennen bereitete ihr große Mühe: es sei wiederholt zu sexuellen Übergriffen durch ihren Vater gekommen, die die Mutter gesehen, sie aber nicht beschützt hatte. Die Mutter habe sie sogar geschlagen, ihr vorgeworfen, sie wolle ihre Ehe zerstören. Seit dieser Zeit habe sie den Wunsch als Junge leben. Nach den Übergriffen des Vaters, zuletzt im Alter von 13 Jahren, habe sie starke Waschzwänge entwickelt, sich Schnittverletzungen zugefügt, auch Suizidgedanken gehabt, eine stationäre psychiatrische Behandlung war notwendig geworden. Zu ihren Eltern hatte Christa jetzt drei Jahre keinen Kontakt mehr gehabt, nur zu ihrer älteren Schwester. Erst kürzlich habe sie auf Anraten ihrer Therapeutin erstmals wieder die Mutter angerufen.

Befragt nach ihren Beziehungsinteressen berichtete Christa, sie interessiere sich für ältere, reife Frauen. Sehr schnell wurde klar, dass ihr Liebesobjekt ihre Psychotherapeutin war. Thema vieler Stunden war ihre unablässige Beschäftigung mit ihrer Therapeutin, um deren Haus sie nachts heimlich schlich. Auch mit ihrer Therapeutin wurde dieses Thema besprochen. Sie sah Christa in einer »transsexuellen Krise« als Folge ihrer Übertragungsliebe, Christa liebe eigentlich ihren Vater, sie habe ihre Liebe aber auf die Therapeutin übertragen, denn den Vater zu lieben sei für sie unannehmbar. In der Beziehung zu ihrer Therapeutin sei sie nun der männliche Partner. Erst seit ihrer Therapie trete Christa jungenhaft auf, zuvor sei sie deutlich mädchenhafter gewesen.

Nach längerem Zögern stimmte Christa einem Gespräch mit der Mutter zu, für sich selbst begründete Christa dies damit, dass ja die Zustimmung der Mutter für die gewünschte Hormontherapie notwendig sei. Es erschien eine schwer depressive Frau von kräftiger Statur, immer wieder in Weinen ausbrechend. Sie bestritt vehement, Christa geschlagen zu haben. Nie sei es zu sexuellen Übergriffen durch den Vater gekommen, nur zu harmlosen Berührungen der Tochter. Sie habe sich dennoch von diesem Mann getrennt, weil sie und Christa in seinem Haus jahrelang drangsaliert worden seien.

Über Christas frühe Entwicklung berichtete sie, dass sie schon als Kleinkind ungern Röcke getragen habe, sie habe nie mit Puppen gespielt, viel lieber Fußball. Vielleicht sei ja sie, die Mutter, daran schuld, dass Christa den Wunsch habe als Junge zu leben, denn sie habe Christa öfter gesagt, sie hätte lieber einen Jungen bekommen. Die schweren Waschzwänge, die zur Psychiatrieeinweisung Christas geführt hätten, seien aufgetreten, nachdem Christa auf dem Nachhauseweg von der Schule von Mitschülern angespuckt worden sei.

Christa, die Therapeutin und die Mutter erklärten somit die Transidentität sehr unterschiedlich, wobei allerdings Grund zur Annahme bestand, dass diese wesentlich weiter zurückreichte als bis zur Pubertät. Die Vorgeschichte war sehr komplex, es lagen gravierende psychische Störungen vor. Christa litt an einer Depression, zeigte schwere Zwangssymptome, hatte sich zudem selbst Schnittwunden zugefügt, Suizidideen gehabt. Empfohlen wurde die Fortführung der Psychotherapie.

In der Folge stellte sich Christa regelmäßig in größeren Abständen in der Sprechstunde vor. Extrem belastend blieben ihre Zwangssymptome, neben Waschzwängen waren es auch starke Kontroll- und Ordnungszwänge, die sie »fast verrückt machten«. Es kostete sie große Mühe, den Drang zu Selbstverletzungen zu unterdrücken. Die schon während der stationären Behandlung erfolgte Einstellung auf Serotonin-Wiederaufnahmehemmer brachte nur wenig Besserung. Jede Nacht träumte sie von ihrer Therapeutin, zunehmend wirkte sie männlicher. Ihre Brüste verbarg sie durch quälend enges Abbinden, das zu blutigen Quetschwunden führte.

Zwei Jahre später verließ sie ihre Wohngruppe und bezog eine eigene Wohnung. Sie nahm wieder Kontakt zu ihrer Familie auf, sah auf einer Familienfeier erstmals den Vater wieder. Hiernach kam es wieder zu einer Zunahme der Zwänge und des Drangs zu Selbstverletzungen. Es tauchten Erinnerungen auf, nie gewollt, nie geliebt worden zu sein. Immer sei sie weggeschickt worden, damit die Eltern, wie auch die Großeltern, ungestört Sex miteinander haben konnten.

Christa machte eine Berufsausbildung als Verkäuferin in einem Möbelhaus, hier verliebte sie sich in eine Kollegin, mit der sie eine feste Beziehung einging und zusammenzog. Die heftige Liebe zu ihrer Therapeutin verschwand, Christa beendete die Therapie. Immer fester wurde ihr Plan, als Mann leben zu wollen. Es konnte jetzt die Entscheidung für eine hormonelle Behandlung getroffen werden, nachdem es klar geworden war, dass ihre männliche Geschlechtsidentität nicht allein durch ihre Beziehung zu ihrer Psychotherapeutin begründet war. Nach Abschluss ihrer Ausbildung wünschte sie endlich die Umwandlung.

Aufgrund der nach wie vor sehr komplexen Probleme wurde Christa zur Zweitsicht bei einem mit der Einschätzung und Behandlung transidenter Patienten sehr erfahrenen Kollegen vorgestellt. Dieser befürwortete den Beginn einer gegengeschlechtlichen Hormontherapie ohne Einschränkungen, viele der psychischen Probleme sah er als sekundär bedingt durch die Transidentität an. Christa begann voll in der männlichen Rolle zu leben und führt seitdem den Namen Markus. Dreieinhalb Jahre nach Erstvorstellung wurde die Hormontherapie begonnen. Die rasch einsetzenden körperlichen Veränderungen führten bei Christa zu einer großen Entlastung, sie äußerte sich hochzufrieden hierüber. Ein Jahr lang erschien Christa nicht mehr, zwischenzeitig ließ sie die Mastektomie durchführen, die von Behandlungsseite befürwortet worden war. Auch diesen Schritt erlebte Christa als sehr befreiend und entlastend.

Seit der Beziehung zur Freundin war auch im Therapeuten ein klares inneres Bild von Christa als männliche Person gewachsen, Christa wurde Markus. Erfolgreich beantragte Markus die Namens- und Personenstandsänderung. Seine Beziehung zerbrach nun aber. Markus zog zu seiner Mutter, er fand keine Arbeit. Obwohl alle Behandlungsschritte erfolgreich verlaufen waren, traten wieder depressive Verstimmungen, Zwänge und Gedanken an selbstverletzendes Verhalten in sehr quälender Form auf. Nochmals wurde eine stationäre psychiatrische Behandlung notwendig.

Nach zweijähriger Pause stellte sich der mittlerweile 24-jährige Markus wieder vor. Er plante jetzt eine Penoidplastik, die kurz darauf erfolgte und für ihn zufriedenstellend verlief. Weiterhin litt Markus aber an Ängsten, Zwängen und Depressionen, er war nicht arbeitsfähig, lebte mittlerweile wieder allein. Dennoch hatte er niemals Zweifel an der Richtigkeit seiner Entscheidung, als Mann zu leben. Auch für den Therapeuten war es jetzt nicht mehr vorstellbar, ihn als weibliche Person zu sehen.

Bei Christa/Markus eine geschlechtsangleichende Behandlung zu befürworten fiel sehr schwer, da es scheinbar doch verstehbare psychische Ursachen der transidenten Entwicklung gab, insbesondere die in der Kindheit enge Bindung an den Vater und die erlebten (oder fantasierten) sexuellen Übergriffe von seiner Seite. Von den verantwortlichen Behandelnden wurde – sowohl von ärztlicher als auch von psychotherapeutischer Seite – eine Auflösung des transidenten Empfindens und eine Akzeptanz einer homosexuellen Partnerwahl nicht ausgeschlossen. Erst die von der Mutter beigetragenen Informationen über die frühkindliche Entwicklung führten dazu, dass doch von einer early-onset transidenten Entwicklung auszugehen war und die geschlechtsangleichende Behandlung schließlich befürwortet wurde – trotz weiterhin bestehender erheblicher psychopathologischer Auffälligkeiten, die per se nicht als ausschließender Grund für eine solche Behandlung anzusehen sind.

2.2.3 MtF transidente psychisch gesunde Jugendliche, fraglich late-onset: Paula

Die 17-jährige Paula lebte bereits ein halbes Jahr in der weiblichen Rolle. Sie hatte sich in der Schule geoutet, wurde dort und auch in der Familie als Paula angesprochen. Paula berichtete, dass sie nach Einsetzen der männlich-pubertären Veränderungen mit 13 Jahren zunehmend stärker das Gefühl gehabt habe, sie fühle sich nicht männlich. Die körperlichen Veränderungen hätten sie belastet, ihr psychisches Befinden habe sich sehr verschlechtert, sie habe an Depressionen gelitten, Suizidgedanken gehabt. Besser sei es ihr ergangen, seitdem sie ihr Problem offengelegt und psychotherapeutische Hilfe gefunden habe.

Die Mutter berichtete, von der Eröffnung Paulas sehr überrascht gewesen zu sein, denn nie zuvor habe sie weibliche Züge an ihr gesehen. Als Kind habe sie immer Jungensachen getragen, nie mit Puppen gespielt. Erst bei näherem Nachfragen erinnerte die Mutter, dass Paula im Kindergarten lieber mit Mädchen gespielt habe, später als Junge in eine Außenseiterposition geraten sei, weil sie nie »Ballerspiele« gemocht habe, die alle gleichaltrigen Jungen in ihrer Schule spielten. Mit 14 habe sie erstmals heimlich Kleider ihrer älteren Schwester angezogen.

Paula war von schlanker, mittelgroßer Körperstatur, sie war geschmackvoll weiblich gekleidet und geschminkt, ihre Fingernägel waren bunt lackiert. In Gestik, Mimik und Sprachduktus wirkte sie recht feminin. Es entstand allerdings noch nicht der gänzlich überzeugende Eindruck, einer weiblichen Person gegenüberzusitzen, eher der Eindruck eines sehr androgynen männlichen Jugendlichen. Sie berichtete jedoch in typischer Weise von der Ablehnung ihrer männlichen Körpermerkmale, die zu ihrem Glück nicht sonderlich stark ausgeprägt seien. Befragt nach ihren Beziehungsinteressen berichtete sie, dass für sie nur eine Beziehung als Frau zu einem Mann vorstellbar sei. Ihr psychisches Befinden beschrieb sie als deutlich gebessert.

Es liegt bei Paula eine sehr typische transidente Entwicklung vor. Oftmals wird von den Eltern von zuvor unauffälliger geschlechtstypischer Entwicklung berichtet; Paula ist – ähnlich wie Christa/Markus – ein Beispiel für doch vorhandene frühe Anzeichen einer transidenten Entwicklung, die erst bei genauerer Sicht offenkundig werden. Recht typisch ist bei MtF Transidenten in höherem Jugendalter auch das eher androgyne Erscheinungsbild bedingt durch die bereits abgelaufenen männlich-pubertären Veränderungen. FtM transidente Jugendliche wirken hingegen auch in höherem Jugendalter deutlich überzeugender männlich.

Empfohlen wurde eine weitere Behandlung nach Vorgabe der AWMF-Leitlinien, d. h. Beginn einer gegengeschlechtlichen Hormontherapie nach einjähriger Psychotherapiedauer, übergangsweise eine Behandlung mit Antiandrogen, um einer weiteren Vermännlichung von Paulas Körper entgegenzuwirken.

2.2.4 MtF-Transidentität, psychisch auffällig, persistierender Verlauf: Olaf → Jessica

Der 16-jährige Olaf war ein zutiefst unglücklicher Jugendlicher. Er schien kaum in der Lage, seinen mageren Körper aufrecht zu halten. Er trug schlecht aufeinander abgestimmte weibliche Kleidungsstücke, die die Mutter ihm gekauft hatte: einen weit sitzenden rosafarbenen Wollpullover, darunter enge Damenhosen: die Kleidung wirkte wie ein an ihm haftender Fremdkörper. Zudem stotterte er sehr stark. Olaf berichtete, er wisse schon seit seinem fünften Lebensjahr, dass er nicht wie andere Jungen sei. Er habe sich für Puppen und Mädchenkleidung interessiert. Die Mutter berichtete jedoch, sie habe nichts Derartiges bemerkt. Olaf erklärte, er habe große Angst gehabt, aus dem Kindergarten verwiesen zu werden. Auch daheim habe er es nicht gewagt, seine mädchenhaften Interessen zu zeigen, dieses aus Angst vor seinem sehr strengen Stiefvater, der ihn als »Idioten, Spasti, blödes Kind« bezeichnet habe. Der Stiefvater starb nach längerer schwerer Krankheit im 8. Lebensjahr Olafs, in der Folge begann Olaf schwer zu stottern.

Ab Pubertätsbeginn mit 13 Jahren habe sich Olaf extrem zurückgezogen, er sei still, ruhig und in sich gekehrt geworden. Nach zwei Jahren habe er der Mutter erklärt, er lebe im falschen Körper. Von seiner Schulpsychologin war schließlich die Vorstellung in einer Transidentitätssprechstunde empfohlen worden. Gleichzeitig hatte sich Olafs Befinden weiter stark verschlechtert, er hatte Suizidgedanken, notwendig wurde eine stationäre psychiatrische Behandlung.

Bei der Untersuchung Olafs fiel sein wenig stimmiges äußeres Erscheinungsbild auf, das zunächst zu Zweifeln führte, ob wirklich eine transidente Entwicklung vorliege. Olaf begann am Heimatort eine psychotherapeutische Behandlung, die schwierig verlief. Termine wurden oft nicht wahrgenommen, Olaf zeigte kaum Introspektionsfähigkeit. Dennoch hielt er daran fest, nur als Frau leben zu können.

Empfohlen wurde zunächst eine Behandlung mit Antiandrogenen, die Olaf als sehr entlastend erlebte, insbesondere das nachlassende sexuelle Verlangen. Die Alltagserprobung fiel ihm jedoch sehr schwer. Er hatte für sich den Namen Jessica gewählt. Mehrere Schulwechsel erfolgten, häufig wurde Jessica aufgrund ihres unglücklichen Auftretens gehänselt. Sie erreichte einen Realschulabschluss, fand in der Folge bis heute, ihrem 24. Lebensjahr, keine Berufsausbildung. Sie gewann allerdings zunehmende Selbstsicherheit, wirkte auch überzeugender weiblicher, auch ihr Stottern ging zurück. Sehr positiv wirkte sich die jetzt empfohlene Östrogentherapie aus. Jessica fand Freunde, mit denen sie in einer Rockband spielt. Auch zog sie von der Mutter fort und lebt in einer WG mit Freunden.

Mit 22 Jahren stellte sie den Antrag auf Vornamens- und Personenstandsänderung, dem stattgegeben wurde. Ein Jahr später erfolgte die geschlechtsangleichende Operation.

Dieser Entwicklungsverlauf zeigt, dass bei anfänglichen Zweifeln an einer transidenten Entwicklung und zunächst wenig überzeugendem Auftreten im Wunschgeschlecht ein festes inneres Zugehörigkeitsempfinden zum Gegengeschlecht nicht mit Sicherheit auszuschließen ist. Jessica hatte in jüngeren Jahren aus Angst vor Ablehnung und negativer Reaktionen in ihrem sozialen Umfeld nicht gewagt, ihre mädchenhaften Interessen zu zeigen oder gar Mädchenkleider zu tragen. Die schwierige familiäre Situation mit enger Bindung an die Mutter,

Ängsten vor dem gewalttätigen und sie verbal extrem herabsetzenden Stiefvater hatte zu erheblichen psychischen Auffälligkeiten, starkem Stottern und Suizidgefährdung geführt. Der Verlauf zeigte jedoch, dass Jessica niemals an der Richtigkeit ihres Weges zweifelte, ihn unbeirrbar weiterging. Je mehr Fortschritte sie auf ihrem Weg machte, umso mehr besserte sich ihr psychisches Befinden. Heute ist Jessica eine schlanke, geschmackvoll gekleidete und sympathisch wirkende, selbstsicher auftretende junge Frau, bei der es unvorstellbar scheint, sie habe einmal als männliche Person gelebt.

2.2.5 MtF transidente Jugendliche mit Autismus-Spektrum-Störung, persistierender Verlauf: Jennifer

Jennifer wurde als 14-Jährige vier Monate tagesklinisch aufgrund einer sie sehr behindernden Autismus-Spektrum-Störung behandelt. Sie war nicht in der Lage gewesen, die Schule zu besuchen, verließ nie das Elternhaus. Sie lebte bei ihrer Mutter, mehrere ältere Geschwister lebten bereits selbstständig. Die Eltern hatten sich im dritten Lebensjahr Jennifers getrennt.

Bei Aufnahme in der Klinik trat Jennifer noch als Junge auf. Sie litt an Depressionen mit Schlaf- und Appetitstörungen, berichtete auch von Suizidgedanken. Erst gegen Ende der tagesklinischen Behandlung wagte sie es, ihr Problem offenzulegen und wurde dann in der Transidentitätssprechstunde vorgestellt.

Bei der Erstuntersuchung trug Jennifer trotz sehr heißen Sommerwetters einen schweren schwarzen Sweater, dessen Kapuze sie tief über ihr Gesicht zog. Sie zitterte vor Aufregung am ganzen Körper. Im Laufe des Untersuchungsgesprächs gewann sie etwas an Sicherheit und konnte über sich berichten. Schon mit sieben Jahren habe sie bereits den Wunsch gehabt, als Frau zu leben. Lange habe sie versucht, es zu unterdrücken, weil sie ja auch noch nicht gewusst habe, dass so etwas möglich sei. Sie habe sich sehr geschämt und es lange nicht gewagt, darüber zu berichten. Ihre große Scham habe dazu geführt, dass sie sich in der Schule oftmals in der Toilette versteckt habe, schließlich sei sie gar nicht mehr imstande gewesen, die Schule zu besuchen. Erst während der kürzlich erfolgten tagesklinischen Behandlung habe sie es gewagt, der Mutter zu berichten, sie fühle sich als Mädchen. Auch einer älteren Schwester gegenüber habe sie »Andeutungen« gemacht: sie habe ihr erzählt, sie wolle ihre Haare gerne länger wachsen lassen. Die Schwester habe sofort verstanden, sie möchte als Frau leben.

Die Mutter war sehr verständnisvoll. Sie berichtete, Jennifer habe sich schon immer recht feminin verhalten, wenn sie denn einmal aus sich herausgekommen sei. Aufgefallen sei ihr Jennifers starke Interesse an den BHs ihrer älteren Schwester. Als Kind habe sie sehr gerne mit einem Puppenhaus gespielt. Sie habe nur mit einem einzigen Kind gespielt, einem Nachbarsmädchen. Schon mit fünf Jahren habe sie sich gerne von ihrer Schwester als Mädchen kleiden und die Haare entsprechend zurechtmachen lassen.

Auch im Kindergarten sei Jennifer schon durch ihr stark eingeschränktes Kontaktverhalten aufgefallen. Sie habe nur allein gespielt, nie mit anderen Kindern. Auf der zunächst besuchten Regelgrundschule sei sie von anderen Kindern stark gemobbt worden. Nach dem Wechsel auf eine Förderschule sei das Mobbing zurückgegangen.

Die weitere Behandlung Jennifers verlief schwierig. Sie litt an Depressionen, konnte hierzu berichten, dass sie lange Zeit bemüht gewesen sei, glücklich zu sein, indem sie dauernd gelächelt habe. In ihrem Inneren habe sie aber gar nichts gefühlt. Seitdem ihr Problem herausgekommen war, fühlte sie sich teilweise »wie aufgedreht«. Aufgrund ihrer sozialen und Leistungsängste war Jennifer aber in der Folge nicht mehr in der Lage, die Schule zu besuchen. Sie lebte weiter sehr isoliert bei ihrer Mutter, begann aber, sich mit Hilfe ihrer Schwester gelegentlich weiblich zurechtzumachen, sich auch selten einmal in die Öffentlichkeit zu wagen, indem sie mit der Schwester in Kaufhäuser ging. Eine eigentliche Alltagserprobung war aber nicht möglich. Zu ihren Therapiestunden erschien sie weiter männlich gekleidet, die Haare trug sie jetzt zwar länger, verbarg sie aber weiterhin unter ihrer Kapuze. Auffällig war, dass sie sofort verstummte, wenn an sie Fragen mit ihrem männlichen Vornamen gestellt wurden.

Jennifer war schließlich bereit, sich nochmals in eine tagesklinische Behandlung zu begeben, jetzt als Mädchen. Dieses sollte ihr die Möglichkeit einer Alltagserprobung geben. Ihre Wiederaufnahme wurde sorgfältig mit allen Stationsmitarbeiter*innen vorbereitet, sie führte zu einer deutlichen Besserung ihres Befindens. Hilfreich war auch die jetzt empfohlene pubertätshemmende hormonelle Behandlung, da Jennifer sehr unter ihrem stark ausgeprägten männlichen Erscheinungsbild litt. Im Anschluss an die fünfmonatige erneute tagesklinische Behandlung, im Alter von 17 Jahren, wurde die gegengeschlechtliche Hormontherapie eingeleitet, die zu einer weiteren deutlichen Besserung von Jennifers Befinden führte. Deutlich sichtbar war dieses auch an ihrem Kontaktverhalten: Klar weiblich wirkend mit schulterlangen Haaren war jetzt ein Augenkontakt herstellbar. Jennifer hatte sich wohnortnahe in eine psychotherapeutische Behandlung begeben, versuchte über eine Fördermaßnahme des Arbeitsamts einen Schulabschluss zu erreichen. Sie stellte mit Erfolg den Antrag auf offizielle Vornamens- und Personenstandsänderung, bereitete ihre geschlechtsangleichende Operation vor.

Der Fall Jennifer zeigt nochmals die Schwierigkeiten, eine leitlinienkonforme Alltagserprobung zu beginnen, wenn psychische Störungen vorliegen, die die Betroffenen in ihrem Sozial- und Kontaktverhalten beeinträchtigen. Überlegt werden muss auch immer, ob solche Beeinträchtigungen nicht auch eine Folge der Transidentität sind, somit als geschlechtsdysphorisches Symptom zu verstehen sind. Dieses war bei Jennifer sicher teilweise der Fall, wie es der positive Verlauf nach Rollenwechsel und Beginn der geschlechtsangleichenden Behandlung zeigt. Hier zu verlangen, dass erst eine Therapie mit dem Ergebnis einer Besserung der Sozialphobie stattgefunden haben sollte, bevor eine geschlechtsangleichende Behandlung erwogen werden kann, stellte eine hohe, unzumutbare psychische Belastung dar und hätte sicher eher zu einer Zunahme von Jennifers Problemen geführt, bis hin zu einer Suizidgefährdung.

2.2.6 MtF Jugendlicher mit zunächst fraglicher transidenter Entwicklung: Rene → Christine

Bei dem erstmals im Alter von 14 Jahren vorgestellten sehr männlich wirkenden Rene bestanden lange Zeit erhebliche Zweifel, ob eine transidente Entwicklung vorläge. Rene lebte seit dem 4. Lebensjahr bei Pflegeeltern. Diesen hatte er erstmals im 10. Lebensjahr erzählt, er verspüre den Wunsch, ein Mädchen zu sein. Zuvor habe er sich unauffällig jungenhaft entwickelt; er habe mit Autos, Kränen und Lastern gespielt, nie den Wunsch geäußert, Mädchenkleidung zu tragen. Die sehr religiösen Pflegeeltern hatten Renes Wunsch nicht ernst genommen, es für eine Phase gehalten.

Auffällig wurde Rene dann jedoch nach Pubertätseintritt im Alter von zwölf Jahren. Er begann Unterwäsche der Pflegemutter zu horten, stahl sie auch in Geschäften. Nur zufällig waren die Kleidungsstücke in Renes Zimmer entdeckt worden. Es wurde jetzt nach therapeutischer Hilfe gesucht. Da es Rene sehr schwer fiel, über sich selbst zu sprechen, kommunizierte er mit der Pflegemutter über Zettelbotschaften. Die Pflegemutter brachte einen schweren Aktenordner voller Zettelnachrichten mit, auf denen Rene geschrieben hatte, er wolle eine Frau sein, auch eine Scheide und Brüste haben. Er sei transsexuell.

Es entstand allerdings der Eindruck, es liege doch eher eine fetischistische Entwicklung vor, denn das Tragen weiblicher Unterbekleidung schien Rene sexuell sehr zu erregen. Die Pflegemutter beschrieb, Rene halte sich nach der Schule nur noch in seinem Zimmer auf, er masturbiere viel, habe sich auch schon aufreizend weiblich gekleidet vor der Pflegemutter gezeigt.

Neben diesen Auffälligkeiten lag bei Rene eine frühkindliche Bindungsstörung vor. Er hatte die ersten vier Lebensjahre bei seinen psychisch kranken leiblichen Eltern gelebt. Berichten des Jugendamtes war zu entnehmen, dass die Wohnung der Eltern stark verwahrlost war, verschmutzte Kinderkleidung und Essensreste, Schmutz und Dreck in der Wohnung vorgefunden wurden. Die Mutter sei sehr grob und wenig fürsorglich mit ihrem Kind umgegangen, habe immer Schuldige für ihr eigenes Fehlverhalten gesucht. Rene habe lange eingenässt. Im Kindergarten habe er andere Kinder bedroht und geschlagen, um von ihnen Sachen zu bekommen. Die Beziehungsaufnahme zu ihm sei sehr schwierig gewesen. Er habe Körperkontakte abgelehnt, keine positiven oder negativen Gefühle äußern können, sich teilweise auch den Bezugspersonen gegenüber überangepasst verhalten. Dieses auffällige Beziehungsverhalten setzte sich bei den sehr um Renes Wohlergehen bemühten Pflegeeltern fort: er verhielt sich teilweise unterwürfig und überangepasst, andererseits erschien sein Verhalten wie ein Austesten der Toleranzgrenzen seiner Pflegeeltern, beispielsweise durch auffälliges Posieren in weiblicher Unterwäsche. Gleichzeitig litt Rene an großen Ängsten, nicht weiter bei seinen Pflegeeltern leben zu dürfen und in ein Kinderheim zu kommen.

Die Behandler*innen kamen nach den ersten Untersuchungen zu der Annahme, dass Renes Identitätsfindung aufgrund der starken emotionalen Vernachlässigung im frühen Kindesalter erheblich beeinträchtigt war, es weder zu einer festen männlichen noch zu einer festen weiblichen Identitätsfindung gekommen war. Dafür sprach auch, dass Rene niemals weibliche Interessen außerhalb des Hauses seiner Pflegeeltern offenbarte, er mit niemandem hierüber sprach. Auch reagierte er zunächst mit Unverständnis auf die Frage, ob er denn einen Mädchennamen für sich ausgesucht habe. Auch berichtete Rene, das Gefühl Frau zu sein trete bei ihm nicht permanent auf. Er fühle beides in sich; zeitweise fühle er sich männlich, zeitweise weiblich.

Mittlerweile war am Heimatort eine erfahrene und sehr engagierte Psychotherapeutin gefunden worden, bei der Rene in den folgenden sechs Jahren in Behandlung war. Zweimal jährlich kam Rene in die anfangs aufgesuchte Transidentitätssprechstunde.

Mit seinen Pflegeeltern hatte Rene zunächst vereinbart, keine weibliche Unterbekleidung mehr zu tragen und alle weiblichen Kleidungsstück zu entsorgen. Diesen Vorsatz einzuhalten war Rene jedoch nicht in der Lage, die Pflegeeltern waren in der Folge nicht mehr willens, Rene bei sich zu behalten. Ein halbes Jahr nach der Erstvorstellung musste Rene in eine Wohngruppe umziehen. Hier trat der Wunsch als Frau zu leben und Frauenkleider (mittlerweile auch Oberbekleidung) zu tragen zunächst weiterhin phasenweise auf, er verstärkte sich jedoch in den nachfolgenden Jahren.

Nach längerer Unterbrechung stellte sich Rene erneut im Alter von 18 Jahren vor. Er berichtete lange Zeit bezweifelt zu haben, ob es für ihn der richtige Weg sei, als Frau zu leben. Er habe es sich versagt, seinen Wünschen nachzukommen. Zunehmend sei jedoch bei ihm starker Leidensdruck aufgetreten, er habe gar an Suizid gedacht und hatte sich in eine stationäre psychiatrische Behandlung begeben müssen. Er sei zu dem Schluss gekommen, dass er nur als Frau leben könne und vollzog den Rollenwechsel; seitdem lebt er als Christine. Zum ersten Mal kam er weiblich gekleidet und zurechtgemacht in die Transidentitätssprechstunde.

Nach Rücksprache mit seiner Psychotherapeutin, die ebenfalls keine Zweifel mehr an einer jetzt doch transidenten Entwicklung hatte, wurde der Beginn einer geschlechtsangleichenden hormonellen Behandlung empfohlen, die mittlerweile begonnen wurde. In ihrer Wohngruppe lebte Christine jetzt als Frau, schwieriger war es jedoch für sie, bei der Berufsfindung als Frau akzeptiert zu werden. Sie hatte einen Realschulabschluss erreicht, zunächst eine Ausbildung als (männlicher) Anlagenmechaniker begonnen, diese nach einem Jahr abgebrochen, anschließend ein Freiwilliges Soziales Jahr begonnen und hatte dort ihre weibliche Identität offengelegt. Beklagt wurde von den sie jetzt zu ihren Terminen begleitenden Betreuer*innen ihrer Wohngruppe Christines extreme Zögerlichkeit beim Treffen von Entscheidungen in allen Lebensbereichen. Allerdings hat Christine jedoch jetzt, im Alter von 20 Jahren, die rechtliche Vornamens- und Personenstandsänderung erreicht. Ihre geschlechtsangleichende Behandlung verfolgt sie konsequent, einschließlich einer logopädischen Stimmtherapie, um eine weiblichere Stimmlage zu erreichen. Sie berichtete, ihr weibliches Geschlechtszugehörigkeitsempfinden bestehe jetzt durchgehend, nicht mehr nur phasenweise.

Bei Christine bestanden große Zweifel und eine große Unsicherheit, ob wirklich eine transidente Entwicklung bei ihr vorliege. Ihr Verhalten erschien in der frühen Adoleszenz eher fetischistisch-transvestitisch, auch erschien es vor dem Hintergrund einer gravierenden emotionalen Depravierung in der frühen Kindheit wie ein Austesten von Grenzen, ob sie wohl auch als nicht-richtiger Junge geliebt werde. Ihre Schwierigkeiten, ihren Gefühlen Ausdruck zu verleihen, erschwerten es sehr nachzuempfinden, wie sehr sie unter ihrer Geschlechtsinkongruenz litt. Erst mit Erreichen der Volljährigkeit konnte Christine es sich zugestehen, dass sie nur als weibliche Person leben könne. Notwendig war hier eine längere Verlaufsbeobachtung, um die richtige Entscheidung für eine geschlechtsangleichende Behandlung treffen zu können.

2.2.7 MtF psychisch auffälliger transidenter Jugendlicher, desistierender Verlauf: Kevin

Der 17-jährige Kevin wurde in der Transidentitätssprechstunde auf Empfehlung eines Endokrinologen vorgestellt, der die dringend gewünschte Behandlung mit weiblichen Hormonen abgelehnt hatte. Auf die Hormontherapie gedrängt hatte Kevin aus Angst vor dem Stimmbruch, der seiner Meinung nach drohte. Bislang habe er noch eine helle Stimme, auch kaum Bartwuchs. Kevin war ein sehr einfacher, sehr unsicherer und unselbständiger Jugendlicher, der sich kaum allein aus dem Haus zu gehen traute, immer Schutz und Hilfe der Mutter suchte. Seine intellektuellen Fähigkeiten lagen im unterdurchschnittlichen Bereich, mit einiger Mühe hatte er aber den Hauptschulabschluss erreicht und suchte jetzt einen Ausbildungsplatz.

Sein Wunsch ein Mädchen zu sein sei in seinen Worten »schon immer unbewusst in der Kindheit da gewesen«. Seine Eltern berichteten, er habe nie mit Jungensachen gespielt, im Kindergarten habe er nur mit Mädchen gespielt, am liebsten in der Puppen- oder in der Verkleidungsecke. Nie hatten die Eltern sich hierüber Sorgen gemacht, erst ab der Pubertät seien sie besorgt gewesen, weil Kevin kein Interesse an Mädchen zeigte. Im Fernsehen hatte Kevin einen Endokrinologen gesehen, der über die Hormonbehandlung jugendlicher Transsexueller berichtete, da habe er sein Problem erkannt und diesen Arzt aufgesucht.

Kevin ist ein in Gestik und Mimik feminin wirkender Jugendlicher, dessen äußeres Erscheinungsbild aber doch männlich war. Seine größte Angst sei es, »wie eine Transe zu wirken«, falls er sich weiblich kleide und zurechtmache. Er wolle ganz dezent als Frau leben. Eine Alltagserprobung vor der gewünschten geschlechtsangleichenden Behandlung war für ihn unvorstellbar.

Schon mehrfach habe er sich in Jungen »verknallt«, die hätten aber nicht auf Jungen gestanden, so sei es noch nie zu einer Beziehung gekommen. Eine intime Beziehung beschrieb er als unvorstellbar, denn darunter verstand er, dass er passiver Partner beim Analverkehr sei. Die Sexualität spielte aber in seinem Leben eine große Rolle, schon seit dem Vorschulalter masturbierte er viele Male am Tage, er verschwand dann stundenlang in seinem Zimmer, war unerreichbar. Seitdem er den Wunsch nach Geschlechtsumwandlung hatte, steigerte sich seine sexuelle Aktivität noch erheblich, er wollte seine männlichen Geschlechtsorgane noch bis zum Ende so viel wie möglich nutzen.

Kevin begann in unserer Sprechstunde eine psychotherapeutische Behandlung, die anfangs regelmäßig wahrgenommen wurde. Allein mit öffentlichen Verkehrsmittel anzureisen wagte Kevin nicht, es musste ihn immer ein Elternteil begleiten. Sehr schnell wurde Thema in der Therapie, wie schwach und minderwertig sich Kevin als männliche Person fühlte. Er suchte den Schutz durch seine Eltern oder auch durch starke Jungen, in die er sich in der Folge wiederholt verliebte. Die Alltagserprobung machte ihm große Angst. Er berichtete, schon in der Schule und später bei einem Praktikum wegen seines femininen Auftretens gehänselt und geärgert worden zu sein. Das Praktikum brach er ab, er traute sich nur noch im Morgengrauen Zeitungen auszuliefern. Eine später geplante geschützte Ausbildung traute sich Kevin ebenfalls nicht zu beginnen, er hatte Angst, wieder gemobbt zu werden, wieder Außenseiter zu sein.

Die Eltern berichteten, Kevin sei schon immer ein sehr ängstlicher Einzelgänger gewesen. Im Kindergarten habe er monatelang weinend am Fenster gestanden, keine Freunde gefunden, erst später mit einigen wenigen Mädchen in der Puppenecke gespielt. In der Therapie wurde deutlich, dass Kevin hoffte, als Frau werde alles besser sein. Dann werde er respektiert und gewönne ein besseres Selbstbewusstsein. Frau-Sein sei seine wahre Identität. Es wurde Thema vieler Stunden, dass ein Leben als Frau nicht die Lösung seiner Selbstwertprobleme war, seine Männlichkeit weiter hoch besetzt blieb. Kevin berichtete, morgens beim Zeitungsaustragen von einem betrunkenen Mann als Mädchen angemacht worden zu sein. Hierüber war er sehr verängstigt und verunsichert. Er begann Zweifel zu äußern, ob er wirklich Frau werden wolle. Er fragte seinen Therapeuten, ob er nicht männliche Hormone bekommen könne, um hierdurch wie ein richtiger Mann wirken zu können, nicht wie ein femininer Junge. So fühle er sich nicht ernst genommen.

Mehrfach erschien Kevin nicht zu seinen Therapiesitzungen, er verschloss sich in seinem Zimmer, verbrachte ganze Tage schlafend. Ein Jahr nach Therapiebeginn erklärte Kevin, er wünsche keine Geschlechtsumwandlung mehr, diese sei nicht die Lösung für seine Probleme, die er jetzt darin sah, nicht ernst genommen, nicht respektiert zu werden, kein Selbstbewusstsein zu haben. Zuallererst fürchtete er aber, seine Fähigkeit zu sexueller Befriedigung zu verlieren.

Kevin ist ein Beispiel für Versuche, Selbstwertprobleme durch einen Geschlechtswechsel zu lösen. Wegführend für die Vorsicht, hier nicht frühzeitig eine hormonelle Behandlung zu befürworten, war Kevins hohe Besetzung seiner genitalen Männlichkeit, die bei MtF transidenten Entwicklungen regelhaft auszuschließen ist.

In anderen Fällen sahen wir psychisch auffällige männliche Jugendliche, die familiäre Probleme durch einen Wechsel in die weibliche Geschlechtsrolle zu lösen versuchten. Ein Jugendlicher suchte seinen Vater hierdurch zu bestrafen, der die Mutter betrogen hatte. Aber auch bei ihm blieb seine Männlichkeit positiv besetzt; dieses zeigte sich daran, dass er sehr karikaturhaft weiblich zurechtgemacht auftrat, grell geschminkt. Auch war er nicht bereit, sich in eine psychotherapeutische Behandlung zu begeben. Weibliche Hormone bestellte er im Internet. Nach Ablehnung seines Antrags auf Vornamens- und Personenstandsänderung lebte er wieder als männlicher Jugendlicher. Auch bei ihm wäre es ein Fehler gewesen, seinem Drängen nach geschlechtsangleichender Behandlung stattzugeben.

2.2.8 MtF-Transidentität, transienter Verlauf: Henry

Der 15-jährige Henry wurde aufgrund einer Phase transidenter Wünsche vorgestellt, die zwei Jahre dauerte und im Endstadium einer Tumorerkrankung der Mutter auftrat. Die Mutter verstarb zwei Monate nach dem Auftreten erster transidenter Wünsche Henrys. Henry hatte den Drang verspürt, Frauenkleider zu tragen, die er sich auch in Läden oder über das Internet kaufte. Er habe den Wunsch gehabt, mit weiblichen Hormonen behandelt zu werden und geschlechtsangleichend behandelt zu werden. Seine Frauenkleider habe er jedoch nur daheim getragen, nie in der Öffentlichkeit. Als Mädchen gekleidet in die Schule zu gehen sei für ihn undenkbar gewesen, weil die Mitschüler ihn als »schwule Sau« beschimpft hätten. Er sei aber gezielt in weiblicher Kleidung vor seinem Vater aufgetreten, der dieses »abartig« gefunden habe.

Henrys Vater stammte aus England, er lebte bereits viele Jahre in Deutschland, die Mutter war Deutsche. Voller Bitterkeit berichtete Henry, dass ihm die Schwere der Erkrankung der Mutter lange Zeit vom Vater verheimlicht worden sei, »das werde schon wieder weggehen«.

Ein Termin in der Transidentitätssprechstunde war schon ein Jahr zuvor vereinbart worden, wurde aber auf Wunsch Henrys nicht wahrgenommen, weil zu dieser Zeit der Drang bereits zurückgegangen war, als Frau zu leben. Gänzlich verschwunden sei der Wunsch dann nach einer Auslandsreise mit Henrys Kirchenchor ein halbes Jahr vor dem neuen Untersuchungstermin. Henry hatte hier seine erste Freundin kennengelernt, die auch mit im Chor sang. Henry war begeisterter Chorsinger.

Ein Jahr vor Henrys Erstvorstellung, gut ein Jahr nach dem Tod der Mutter, hatte der Vater eine neue Partnerin kennengelernt und geheiratet. Mit dieser Frau verstand sich Henry sehr gut. Die Anwesenheit der neuen Partnerin habe sich nach Einschätzung des Vaters sehr positiv auf Henrys Befinden ausgewirkt, auch die vorher sehr angespannte Beziehung zum Vater habe sich sehr verbessert.

Henry war ein altersgemäß entwickelter Jugendlicher von schlanker Körperstatur. Er war modisch männlich gekleidet und wirkte auch in Gestik und Mimik klar männlich. Die Untersuchungssituation war für ihn anfangs sehr unangenehm, er betonte, sein Problem »Tragen weiblicher Kleidung« gebe es ja gar nicht mehr. Die Schulsozialarbeiterin habe jedoch dringlich eine Untersuchung empfohlen. Die psychiatrische Untersuchung zeigte keine Anhaltspunkte von Störungen der Denkprozesse oder der Affekte, sichtbar war allerdings eine Tendenz, Gedanken an die Phase des Interesses an Frauenkleidern zu verdrängen.

Wir stellten die Diagnose einer transienten Phase transidenten Empfindens, formal nach ICD-10 die Diagnose einer atypisch verlaufenden Geschlechtsidentitätsstörung. Ursächlich war anzunehmen, dass Henry hiermit den Verlust der Mutter verarbeitete, indem er sich mit ihr identifizierte, er zudem den Vater als den Schuldigen ansah, der damit bestraft wurde, dass Henry vor ihm in Frauenkleidern auftrat. Es lag bei Henry jedoch keine eigentliche Geschlechtsinkongruenz vor, denn bis zum Alter von 13 Jahren hatte er sich sehr geschlechtstypisch männlich entwickelt und es war ein sehr sicheres männliches Geschlechtszugehörigkeitsempfinden festzustellen. Anzunehmen war, dass der Rückgang Henrys transidenter Wünsche durch den zunehmenden zeitlichen Abstand des traumatisierenden Ereignisses bedingt war, wohl auch durch den Eintritt neuer positiv besetzter weiblicher Objekte in sein Leben (die neue Frau des Vaters, die erste Freundin). Ein Bewusstwerden der Entstehung seiner Identitätsprobleme wäre zwar aus unserer Sicht wünschenswert gewesen, jedoch bestand bei Henry keine Therapiemotivation.

2.2.9 FtM-Transidentität, transienter Verlauf: Lina

Die Eltern der 14-jährigen Lina beschrieben sie als ein in der Kindheit sehr feminines Kind. Lina sei »eine Prinzessin« gewesen, habe nur schöne Kleider anziehen wollen, in ihren blond gelockten Haaren Spangen getragen, am liebsten mit Puppen gespielt. Im Alter von sechs Jahren habe sie vom Fenster des Elternhauses einen brutalen Überfall auf den Vater mit ansehen müssen, bei dem dieser schwer verletzt worden sei. In den folgenden Jahren habe sie ihr stark übertrieben mädchenhaftes Verhalten abgelegt, sich neutraler gekleidet. Sie sei depressiv rückzügig geworden, habe Suizidgedanken gehabt und sei mit Antidepressiva behandelt worden. Mit zwölf Jahren habe sie einen Film über das Leben eines transidenten Mannes gesehen, im Internet nachgeforscht und sei zu dem Schluss gekommen transident zu sein. Zu dieser Zeit war es zu einer sehr raschen pubertären Entwicklung gekommen. Lina litt sehr unter ihren sehr kräftig entwickelten Brüsten, sie wünschte deren operative Verkleinerung.

Lange habe sie es nicht gewagt, ihren Eltern von ihrem Wunsch zu berichten als Junge zu leben, weil sie befürchtete, diese würden es ablehnen. Erst ein Jahr später habe sie es ihrer Psychotherapeutin berichtet, die zu der Überzeugung gelangte, es läge eine transidente Entwicklung vor. Die Therapeutin sprach sie bereits mit einem von Lina gewählten Jungennamen an, führte ein Familiengespräch mit Lina und ihren Eltern, in dem diese erstmals davon erfuhren, dass Lina als Junge zu leben wünschte. Zur großen Erleichterung Linas reagierten die Eltern sehr verständnisvoll.

Überraschenderweise kam es in der Folge zu einem raschen Rückgang ihres Wunsches als Junge zu leben. Bei der ein Jahr späteren auf Empfehlung ihrer Psychotherapeutin vereinbarten Untersuchung in der Transidentitätssprechstunde erschien Lina jugendlich burschikos gekleidet, jedoch klar weiblich wirkend. Sie berichtete, sie fühle sich noch gelegentlich als Junge, meistens aber als Mädchen. Nach dem Sportunterricht verspüre sie noch gelegentlich den Wunsch, als Junge Fußball zu spielen. Nach dem Musikunterricht fühle sie sich aber sehr weiblich und habe den Wunsch, Blumenkränze in ihrem Haar zu tragen. Wünsche nach einer geschlechtsangleichenden Behandlung, über die sie wohl informiert war, wurden nicht geäußert. Sie fühle sich meistens wohl als Mädchen, wolle abwarten, wie sie sich weiterentwickele. Dazu beigetragen hatte sicher auch, dass Lina in der Schule neue Freunde gefunden hatte, nicht länger depressiv war, sie ihr früheres Übergewicht verloren hatte und jetzt eine sehr beliebte Schülerin war.

Auch hier liegt eine transiente Phase einer Geschlechtsidentitätsunsicherheit vor, die sich in der Folge einer traumatischen Erfahrung entwickelte. Zudem wurden die pubertären Veränderungen als sehr belastend erlebt. Mit zunehmendem Abstand, der Zusicherung der Liebe ihrer Eltern und der Erfahrung guter sozialer Akzeptanz als Mädchen kam es zu einem schnellen Rückgang der Transidentität. Auch hier ist anzunehmen, dass keine biologischen Faktoren wirksam waren, die zu einer Persistenz transidenter Wünsche hätten führen können. Auch eine pubertätshemmende Behandlung wäre bei Lina nicht die richtige Entscheidung gewesen.

2.3 Nicht binäre Transidentität: Felix

Der 16-jährige Felix fühlte sich mit Einsetzen der Pubertät im Alter von elf Jahren zunehmend unwohl als Junge. Sein jetziges Geschlechtsempfinden beschrieb er als »wohl in den weiblichen Bereich gehend«, nie habe er sich jedoch wirklich weiblich gefühlt. Nachdem er im Fernsehen einen Bericht über einen transidenten Jungen gesehen hatte, kam ihm der Gedanke, es könne auch bei ihm so sein. Zeitweise habe er gedacht, er könne als Mädchen leben, heute fühle er sich jedoch keinem Geschlecht richtig zugehörig. Beziehungen könne er sich sowohl mit männlichen als auch mit weiblichen Partner*innen vorstellen.

Von der Mutter wurde berichtet, dass sich Felix als Kind zunächst jungenhaft entwickelt habe. Er habe Fußball und mit Autos gespielt, sei gerne Trampolin gesprungen, habe Jungen und Mädchen als Freunde gehabt. Nie habe er weibliche Kleidung getragen, noch nie habe er sich weiblich zurechtgemacht. Seit zwei Jahren lasse er allerdings seine Fingernägel und seine Haare sehr lang wachsen.

Im frühen Kindesalter auffällig wurde Felix durch starke Trennungsängste. Nie habe er bei Freunden übernachten wollen. Auf dem Weg zum Kindergarten, in den ihn regelmäßig der Großvater brachte, habe er viel geweint. Bis heute werde er regelmäßig vom Großvater in die Schule gefahren und dort abgeholt. Es entwickelte sich in der Folge stark sozialphobisches Verhalten, vom siebten bis zum achten Lebensjahr war Felix mutistisch und wurde kinderpsychiatrisch behandelt.

Felix war ein großwüchsiger Jugendlicher von schlaksiger Körperstatur. Er lief vornübergebeugt, war sehr nachlässig jungenhaft gekleidet, schien keinerlei Wert auf seine Kleidung zu legen. Auch seine langen Haare waren ungepflegt. Auffällig waren seine überlangen Fingernägel. Es entstand nie der Eindruck, einer weiblichen Person gegenüberzusitzen. Im Einzelgespräch fiel es ihm sehr schwer, über sein inneres Geschlechtsempfinden zu berichten. Es sei für ihn kaum vorstellbar, sich weiblich zurechtzumachen. Er habe auch noch nicht über einen weiblichen Vornamen für sich nachgedacht. Er warte auf das Ergebnis der Untersuchung, damit er wisse, wie es weitergehen solle.

Bei der psychiatrischen Einzeluntersuchung, bei der Felix sehr bereitwillig Auskunft über sich zu geben bemüht war, zeichnete er von sich ein sehr negatives Bild: selbstunsicher, unselbstständig, ängstlich, schüchtern, schlecht gelaunt.

Bei Felix liegt ein nicht-binäres Geschlechtsempfinden vor, er fühlt sich weder dem weiblichen noch dem männlichen Geschlecht zugehörig. Die Hauptkriterien einer transidenten Entwicklung lagen bei ihm nicht vor, weder die strikte Ablehnung seines Körpergeschlechts noch der unbedingte Wunsch, als weibliche Person leben zu wollen. Gestellt wurde die formale ICD-10-Diagnose einer atypischen Geschlechtsidentitätsstörung. Felix befand sich bereits in psychotherapeutischer Behandlung bei einer mit transidenten Entwicklungen sehr vertrauten Psychiaterin. Empfohlen wurde auch angesichts der erheblichen sozialen Phobien und seiner hohen Selbstunsicherheit die Fortführung dieser Behandlung. Von einer an das weibliche Geschlecht angleichenden Behandlung wurde abgeraten.

2.4 Fluide Transidentität: Anne

Die 17-jährige Anne hatte sich an eine LGBTQ-Selbsthilfegruppe (für lesbian, gay, bisexual, transgender und queere Personen) gewandt, weil sie zum zweiten Mal eine Phase durchlief, in der sie sich in ihrer weiblichen Geschlechtsrolle sehr unwohl fühlte, sie fühlte sich »eher männlich«. Sie kleidete sich männlich, wählte auch einen männlichen Vornamen, den des Schutzengels Ariel. In ihrer Familie und im Freundeskreis wurde sie auch mit diesem Namen angesprochen. Diese Phase hielt ein halbes Jahr lang an.

Bei Vorstellung in der Transidentitätssprechstunde fühlte sie sich wieder wohl als Frau. Sie kleidete sich wieder weiblich, trug ihre Haare wieder mittellang, mittig weizenblond gefärbt, war dezent geschminkt. In Gestik und Mimik wirkte sie feminin. Sie berichtete, als Kind nie ein typisches Mädchen gewesen zu sein. Die Mutter bestätigte, dass Anne sich als Kind eher geschlechtsneutral verhalten habe. Sie habe keinen Wert auf Kleidung gelegt. Gespielt habe sie gleichermaßen mit Jungen und mit Mädchen, sowohl mit Barbiepuppen als auch mit Rennautos. Die Pubertät habe sie nicht als belastend erlebt. Lediglich bei ihrem Hobby Cosplay mache sie sich immer als männliche Person zurecht und verberge dann ihre Brüste durch Tragen weit sitzender Kleidung.

Annes Eltern hatten sich in ihrem 10. Lebensjahr getrennt. Zur Trennung habe Gewalttätigkeit des Vaters gegenüber der Mutter geführt, die Anne miterlebt habe. Sie habe an starken Ängsten gelitten, wollte die Schule nicht besuchen, ebenfalls aus Angst, der Vater könne zurückkommen und die Mutter schlagen. Sie habe begonnen, sich als Mädchen unwohl zu fühlen, den Wunsch geäußert, als Junge zu leben, sich auch entsprechend zu kleiden und aufzutreten. Eine psychotherapeutische Behandlung habe zu keiner Änderung geführt, erst ein Wohnortwechsel führte zu einer raschen Besserung von Annes Befinden und auch dazu, dass sie sich wieder als Mädchen wohl fühlte. Diese Phase dauerte ein Jahr lang.

Zum Vater unterhielt Anne weiter Kontakt, ihr gegenüber war er nie gewalttätig. Beschrieben wurde der Vater als eine von sich selbst sehr positiv überzeugte »sehr präsente Person«, die immer gerne im Mittelpunkt stehe. Vor der jetzt zur Vorstellung führenden zweiten transidenten Phase Annes hatte der Vater erneut Drohungen gegen die Mutter ausgestoßen, weil diese auf der Zahlung des Unterhaltsgelds bestanden hatte. Anne habe zudem an Depressionen gelitten, sie sei sehr traurig und reizbar gewesen, habe viel geweint. Erst als klar wurde, dass die Mutter sich nicht von den Drohungen des Vaters einschüchtern ließ und dieser sich ruhig verhielt, ging es Anne wieder besser und sie war zufrieden als junge Frau zu leben.

Da sich Annes Befinden schon deutlich gebessert hatte und bei der Untersuchung keine psychopathologischen Auffälligkeiten mehr vorhanden waren, wurde eine psychotherapeutische Behandlung nicht empfohlen, für die auch Anne keine Notwendigkeit sah.

Als eine wesentliche psychische Ursache transidenter Entwicklungen bei geburtsgeschlechtlichen Mädchen werden insbesondere gegen die Mütter gerichtete traumatische Übergriffe angesehen (▶ Kap. 10.2). Es kann vermutet werden, dass bei einem Vollbild transidenter Entwicklung weitere (wohl biologische) Faktoren hinzukommen, andernfalls kommt es lediglich zu einer transienten Transidentität oder zu einem fluiden Verlauf wie bei Anne. Berichtet wurde bei ihr allerdings nicht klar geschlechtstypisches mädchenhaftes Verhalten in der Kindheit, so dass bei ihr von einer weniger fest geprägten weiblichen Identität auszugehen ist, die sie für eine – zumindest passagere – transidente Entwicklung prädestinierte.

3 Leitlinien für Diagnostik und Behandlung der AWMF und der WPATH

Leitlinien für die Diagnostik und Behandlung von Kindern und Jugendlichen mit Geschlechtsdysphorie wurden in Deutschland seit 2001 von der Arbeitsgemeinschaft wissenschaftlich-medizinischer Fachgesellschaften AWMF in Zusammenarbeit mit führenden deutschen Sexualwissenschaftlern (damals nur männlichen Geschlechts), Kinder- und Jugendpsychiater*innen und Psychotherapeut*innen entwickelt. Seit 2013 sind für die Fortführung und Aktualisierung der Leitlinien auch Vertreter*innen von Betroffenen- und Selbsthilfegruppen beteiligt. Internationale Leitlinien sind von sehr erfahrenden Fachleuten für die World Professional Association for Transgender Health WPATH (Coleman et al., 2011) entwickelt worden. Die neueren AWMF-Leitlinien sind in Anlehnung an die WPATH-Leitlinien entstanden, es gibt hier keine wesentlichen Unterschiede.

In der dritten, 2013 publizierten Überarbeitung der AWMF-Leitlinien wird noch die ICD-10 Diagnose *Störungen der Geschlechtsidentität im Kindes- und Jugendalter* verwandt (Meyenburg et al., 2014). Diagnostisch zu erfassen sind die zwei Hauptsymptome einer transidenten Entwicklung: der dringliche und anhaltende Wunsch, dem anderen Geschlecht anzugehören und das dauernde Unbehagen über das eigene Geschlecht (Geschlechtsdysphorie). Das erste Hauptsymptom zeigt sich bei Kindern daran, dass

1. wiederholt der Wunsch geäußert wird oder darauf beharrt wird, dem anderen Geschlecht anzugehören;
2. bevorzugt Kleidung des anderen Geschlechts getragen oder das Erscheinungsbild des anderen Geschlechts nachgeahmt wird;
3. die gegengeschlechtliche Rolle im Spiel dringlich und andauernd bevorzugt oder anhaltend phantasiert wird, dem anderen Geschlecht anzugehören;
4. der intensive Wunsch besteht, an den für das andere Geschlecht typischen Spielen und Aktivitäten teilzunehmen;
5. gegengeschlechtliche Spielkameraden stark präferiert werden.

Es sollen bei Kindern vier dieser fünf Kriterien erfüllt sein.

Bei Jugendlichen wird der Wunsch geäußert, dem anderen Geschlecht anzugehören, als Person des anderen Geschlechts zu leben und behandelt zu werden, oder die Überzeugung, dass sie die typischen Gefühle des anderen Geschlechts besitzen. Nicht selten treten Jugendliche auch real in der gegengeschlechtlichen Rolle auf und werden in dieser bereits akzeptiert.

Das zweite diagnostische Hauptkriterium des Unbehagens über das eigene biologische Geschlecht ist bei Jungen gekennzeichnet durch

- eine ausgeprägte Ablehnung typisch männlicher Kleidung;
- Abneigung gegen Jungenspiele und -spielsachen, insbesondere gegen Raufspiele;
- Ablehnung der männlichen Genitalien;
- Wunsch nach Verschwinden der männlichen Genitalien – berichtet wird nicht selten von Versuchen, den Penis abzuschneiden –;
- Äußerung, dass es besser wäre, keinen Penis zu haben;
- Abneigung, stehend zu urinieren.

Bei Mädchen äußert sich das Unbehagen durch

- eine ausgeprägte Ablehnung typischer Mädchenkleidung;
- Abneigung gegen Mädchenspiele und -spielsachen, insbesondere gegen Puppenspiel;
- Ablehnung, die Haare lang zu tragen;
- Versicherung, dass sie einen Penis haben oder einer bei ihnen wachsen wird;
- den Wunsch, dass Brustwachstum und Menstruation nicht eintreten;
- Abneigung, im Sitzen zu urinieren.

Jugendliche sind vordringlich damit befasst, sich ihrer primären und sekundären Geschlechtsmerkmale zu entledigen und Merkmale des anderen Geschlechts zu entwickeln (z B. Wunsch nach hormoneller und chirurgischer Behandlung, um möglichst weitgehend das Aussehen einer Person des anderen Geschlechts zu erreichen, bei biologisch weiblichen transidenten Jugendlichen typisch: Verbergen der Brüste durch Abbinden oder durch Tragen weit sitzender Kleidung), oder sie glauben, im Körper des falschen Geschlechts geboren zu sein. Jugendliche sind oft verzweifelt über ihren Körper und hassen ihn, leiden an Depressionen, zeigen selbstverletzendes Verhalten, haben Suizidideen, unternehmen Suizidversuche.

Diese zwei diagnostischen Hauptkriterien sollten nach dem Diagnostic and Statistical Manual of Mental Disorders DSM-5 (2013) der American Psychiatric Association mindestens sechs Monate lang vorhanden sein.

Empfohlen wird in den AWMF-Leitlinien eine ergebnisoffene psychotherapeutische Behandlung, wobei keine Empfehlungen über die Therapiefrequenz gegeben werden. Psychopathologisch unauffällige transidente Kinder und Jugendliche bedürfen nicht notwendigerweise einer höherfrequenten Regelpsychotherapie oder aber diese kann nur sehr niedrigfrequent stattfinden – vor allem, um in Krisensituationen einen schnell erreichbaren Ansprechpartner zu haben. Praktisch gehandhabt wird dieses – die niedrigfrequente Behandlung – meist, indem die von der Krankenkasse bewilligte Stundenzahl anfänglich höherfrequent, im weiteren Verlauf und vor allem, wenn neben der Geschlechtsdysphorie keine psychischen Störungen vorliegen, niedrigfrequent genutzt wird. In sozialpsychiatrischen Praxen wird oftmals von Anfang an die Behandlung nur niedrigfrequent durchgeführt, meist einmal monatlich.

Die Notwendigkeit einer psychotherapeutischen Behandlung wird gegenwärtig kontrovers im Prozess der Neubearbeitung der Behandlungsleitlinien diskutiert. Ein Ziel der Psychotherapie ist es, die sich aus dem »Anderssein«, der psychischen und sozialen Außenseiterstellung entwickelnden Konflikte zu vermindern. Dieses kann durch eine konkrete Beratung der Eltern erreicht werden, denn die Eltern sind oft unsicher, ob und in welchem Umfang sie Kleidung und Aktivitäten des von ihrem Kind gewünschten Geschlechts erlauben sollen. Die Eltern sollten über den wahrscheinlichen Verlauf von transidenten Entwicklungen im Kindesalter aufgeklärt werden (▶ Kap. 5). Generell ist festzustellen, dass Transkinder und Transjugendliche ein Recht darauf haben, als Person des von ihnen empfundenen Geschlechts zu leben. Der Wunsch nach sozialem Rollenwechsel wird nur extrem selten geäußert, wenn keine eindeutige transidente Entwicklung vorliegt. Transidenten Kindern und Jugendlichen wird psychisches Leid zugefügt, wenn ihnen ihr Wunsch nach Rollenwechsel versagt wird. Da zudem die Zahl sog. Re-Transitionen sehr klein ist, stellt auch das Argument, man erschwere durch einen vorzeitig befürworteten Rollenwechsel eine Rückkehr zum Geburtsgeschlecht, keinen einsehbaren Grund dar, Transkindern und Transjugendlichen ihren Wunsch zu verweigern (▶ Kap 11.1).

Auch Kindergartenerzieher*innen und Lehrer*innen sollten über transidente Entwicklungen aufgeklärt werden, um zu vermeiden, dass auf Kinder Druck ausgeübt wird, sich entsprechend dem bei Geburt zugewiesenem Geschlecht zu verhalten. Mit zunehmender Bekanntheit transidenter Entwicklungen verhalten sich sehr viele Lehrer*innen und Erzieher*innen erstaunlich kooperativ und ermöglichen es den Kindern und Jugendlichen, in dem als richtig empfundenen Geschlecht zu leben. Allerdings sehen wir auch heute noch Lehrer*innen und Erzieher*innen, die dies ablehnen, es sogar Mitschüler*innen verbieten, transidente Kinder mit ihrem neu gewählten Namen anzusprechen. Hier sollte aktiv interveniert werden, notfalls gar nach einer alternativen Schule oder einer anderen Möglichkeit als Hortunterbringung gesucht werden, um den Betroffenen seelisches Leid zu ersparen.

Bei geschlechtsdysphorischen Jugendlichen folgt die Behandlung nach AWMF-Leitlinien den Grundregeln der Behandlung erwachsener Patient*innen mit Geschlechtsdysphorie. Eine mindestens einjährige Psychotherapie dient der Abklärung, ob die Befürwortung einer geschlechtsangleichenden Behandlung (gegengeschlechtliche Hormontherapie, plastisch-chirurgische Maßnahmen) und einer Namens- und Personenstandsänderung indiziert sind. Insbesondere bei bis auf die Geschlechtsdysphorie psychisch wenig auffälligen Jugendlichen kann eine Therapie (wie auch im Kindesalter) auch niedrigfrequent (zwei- bis vierwöchig) durchgeführt werden. Wie auch bei erwachsenen Patienten ist ein Hauptziel die längerfristige psychotherapeutische Begleitung, um die Stabilität der transidenten Entwicklung mit größtmöglicher Sicherheit beurteilen zu können.

Falls der Wunsch nach geschlechtsangleichender Behandlung bestehen bleibt, wird eine psychotherapeutisch begleitete sog. Alltagserprobung empfohlen, während der die transidenten Jugendlichen in möglichst allen Lebensbereichen bereits in der psychisch empfundenen Geschlechtsrolle leben sollten. Jedoch ist nicht allen Behandlungssuchenden zuzumuten, ohne eine vorherige medizinische geschlechtsangleichende Behandlung in diese Phase der Alltagserprobung einzutreten. Große Probleme bereitet dies insbesondere Transidenten mit Autismus (▶ Kap. 2.2.5, »Jennifer«).

Die AWMF-Empfehlung hinsichtlich medizinisch geschlechtsangleichender Behandlung ist bislang, dass bei jugendlichen Transidenten eine pubertätshemmende Behandlung mit Gonadotropin-Releasing-Hormon-Analoga (GnRH-Analoga), die die Ausschüttung von gonadotropen Hormonen und in der Folge von Sexualhormonen verhindern, frühestens ab Erreichen des pubertären Entwicklungsstadiums Tanner II begonnen werden sollte. Dieses ist bei biologischen Mädchen kurz nach beginnendem Brustwachstum und kurz vor Eintreten der ersten Regelblutung (Menarche) der Fall, bei biologischen Jungen kurz nach beginnendem pubertärem Genitalwachstum und kurz vor Eintreten des Stimmbruchs. Ziel dieses Vorgehens ist eine weitere Sicherung der Diagnose aus der (bei transidenten Entwicklungen regelhaft negativen) Reaktion auf die pubertäre Entwicklung heraus.

> **Pubertäre Entwicklungsstadien nach Tanner (nach Marshall & Tanner, 1969, 1970)**
>
> **Weibliche Brust**
>
> - *Tanner I* – vorpubertär – keine fühlbare Brustdrüse, der Warzenhof folgt den Hautkonturen der umgebenden Brust.
> - *Tanner II* – Die Brustknospe entwickelt sich, Brustdrüsengewebe beginnt tastbar zu werden; der Warzenhof ist leicht vergrößert.
> - *Tanner III* – Die Brust beginnt sich zu wölben, das Drüsengewebe ist größer als die Grenzen des Warzenhofes. Dieser vergrößert sich weiter, bleibt aber in einer Ebene mit dem umgebenden Gewebe.
> - *Tanner IV* – Brustgröße und Erhebung nehmen zu, die Brustwarze und der Warzenhof heben sich von der Brustkontur ab.
> - *Tanner V* – Die Brust erreicht ihre Endgröße, der Warzenhof bildet wieder eine Ebene mit der Brustkontur, aus der nur die Brustwarze hervorsteht.
>
> **Männliche Genitalien**
>
> - *Tanner I* – vorpubertär – das Hodenvolumen ist kleiner als 1,5 ml; der Penis ist klein.
> - *Tanner II* – Das Hodenvolumen wächst auf 1,6 bis 6 ml; die Haut des Hodensackes verdünnt sich, wird rötlicher und erweitert sich; unveränderte Penislänge.
> - *Tanner III* – weitere Vergrößerung des Hodens (6–12 ml); der Hodensack vergrößert sich weiter; die Penislänge nimmt zu.
> - *Tanner IV* – Hodenvolumen zwischen 12 und 20 ml; der Hodensack wird größer und dunkler; die Penisgröße nimmt in Umfang und Länge zu.
> - *Tanner V* – erwachsen – Hodenvolumen ist größer als 20 ml; Hodensack und Penis ausgewachsen.

> **Schamhaar**
>
> - *Tanner I* – vorpubertär – keine echte Behaarung im Schambereich, nur feines Flaumhaar.
> - *Tanner II* – wenige lange, flaumige Haare mit nur geringer Pigmentierung an der Basis des Penis und des Hodensacks (männlich) beziehungsweise auf den äußeren Schamlippen (weiblich).
> - *Tanner III* – Das Haar wird kräftiger, gekräuselt und dunkler; es breitet sich weiter aus.
> - *Tanner IV* – Haarqualität wie bei Erwachsenen, Ausbreitung über den Schamhügel, aber noch nicht über die Oberschenkel.
> - *Tanner V/VI* – erwachsen – das Haar breitet sich über Schenkel und bis zur Mittellinie weiter aus

Eine gegengeschlechtliche Hormontherapie sollte in der Regel nicht vor dem 16. Lebensjahr begonnen werden. Zu bedenken ist allerdings, dass der Zeitpunkt des Pubertätseintritts hochvariabel ist. Bei sehr frühem Pubertätseintritt und klarer Diagnose einer transidenten Entwicklung kann eine gegengeschlechtliche Hormontherapie auch schon vor Erreichen des 16. Lebensjahres begonnen werden, auch um es den transidenten Jugendlichen zu ermöglichen, in ihrer pubertären Entwicklung nicht hinter gleichaltrigen Jugendlichen zurückzubleiben, wodurch sie wieder in eine Außenseiterposition geraten würden.

Geschlechtsangleichende operative Eingriffe sollten in der Regel nicht vor dem 18. Geburtstag durchgeführt werden. Eine Ausnahme stellt die operative Brustentfernung bei jugendlichen Transmännern dar, wenn die Diagnose einer transidenten Entwicklung mit hoher Sicherheit gestellt werden kann. Für Transmänner sind die weiblichen Brüste, vor allem wenn stärker ausgeprägt, in sehr hohem Maße psychisch belastend. Nahezu regelhaft werden von Transmännern die Brüste abgebunden, meist mit über das Internet erhältlichen Brustbindern. Diese können allerdings Thoraxbeweglichkeit und Leistungsfähigkeit erheblich beeinträchtigen. Schwimmen zu gehen ist nahezu unmöglich, so dass die Betroffenen auf viele sommerliche Freizeitaktivitäten verzichten müssen, hierdurch wiederum in eine soziale Außenseiterrolle geraten können. Eine knappe Übersicht über den heutigen Stand geschlechtsangleichender operativen Eingriffe geben Sohn, Rieger und Heß (2017).

Die Indikationsstellung für eine pubertätshemmende, gegengeschlechtliche hormonelle und operative geschlechtsangleichende Behandlung ist von mit der Thematik vertrauten Fachärzt*innen und/oder Psychotherapeut*innen zu stellen. Die behandelnden Endokrinolog*innen und Plastischen Chirurg*innen verlangen in der Regel ein kurzes Indikationsschreiben, in dem eine mit hoher Sicherheit vorliegende transidente Entwicklung dokumentiert wird, weiterhin ein Leidensdruck aufgrund der pubertären Entwicklung bzw. der vorliegenden Geschlechtsmerkmale festgestellt wird, der die Begründung für die gewünschte Behandlung ist. Vor operativen geschlechtsangleichenden Eingriffen ist bei der

Krankenversicherung der Antrag auf eine Kostenübernahme zu stellen. Insbesondere bei minderjährigen Patient*innen können hierbei Schwierigkeiten auftreten, da die regelhaft eingeschalteten Medizinischen Dienste der Krankenkassen sich mehrheitlich an starre, heute als veraltet angesehene Leitlinien halten, beispielsweise eine mindestens 18 Monate lang dauernde Regelpsychotherapie. Hilfreich war es bislang hier, den Antragsteller*innen zu empfehlen, zuvor den Antrag auf Vornamens- und Personenstandsänderung nach dem Transsexuellengesetz zu stellen, um so die hierfür nötigen zwei Fachgutachten bei der Krankenversicherung vorlegen zu können. Bescheinigt wird in den Gutachten eine mit hoher Wahrscheinlichkeit unumkehrbare Transidentität. Sollte es allerdings zu der gewünschten Aufhebung des Transsexuellengesetzes kommen, müssten zukünftig eigene Fachgutachten zur Begründung der Notwendigkeit der gewünschten operativen geschlechtsangleichenden Eingriffe erstellt werden (▶ Kap. 14 und ▶ Kap. 16).

Fragen zur Überprüfung der Lernziele

1. Wann liegt eine transidente Entwicklung vor?
2. Welche sind die zwei diagnostischen Hauptkriterien einer transidenten Entwicklung?
3. Was beschreibt der Begriff Geschlechtsdysphorie?
4. Welche Leitlinien für die Behandlung transidenter Kinder und Jugendlicher gibt es im deutschen Sprachraum?
5. Ist bei transidenten Entwicklungen eine Regelpsychotherapie immer notwendig?

4 Prävalenz, Sex Ratio

In den letzten zwei Jahrzehnten ist es weltweit zu einem starken Anstieg von Vorstellungen transidenter Kinder und Jugendlicher gekommen. Epidemiologische Untersuchungen weisen auf eine Prävalenz von mehr als 1 % unter High School Schüler*innen (etwa 16-18 Jahre alt) in Neuseeland (Clark et al., 2014) und Middle School Schüler*innen (Klasse 6-8, somit etwa 12-14 Jahre alt) in San Francisco hin (Shields, Cohen, Glassman & Bertolini, 2013). Perez-Brumer et al. (2017) berichten, dass in einer für kalifornische High School-Schüler*innen repräsentativen Stichprobe von 28 856 zwischen 2013 und 2015 befragten Schüler*innen sich 1,1 % ans transgender bezeichneten. Taliaferro et al. (2018) berichten über 81 885 im Jahr 2016 befragte 11- bis 17-jährige High School-Schüler*innen in Florida, von denen 2,7 % sich als »transgender and gender-nonconforming« bezeichneten. Aus Kanada berichten van der Miesen et al. (2018b) über 1 719 6- bis 12-jährige Kinder, an deren Eltern Fragebögen verschickt wurden. 2,3 % der Jungen und 2,8 % der Mädchen wurden als »gender-nonconforming« eingeschätzt. Es handelt sich hier allerdings um keine repräsentative Stichprobe. Conron et al. (2012) befragen 2007-2009 in Massachusetts 28 662 18- bis 64-jährige Personen in einem »representative household sample«. 131 Befragte (0,5 %) bezeichneten sich als transgender. In allen aufgeführten Studien handelte es sich jedoch um Selbstzuschreibungen bzw. Einschätzungen durch Eltern, keine unabhängig untersuchten Personen.

Wiepjes et al. (2018) werteten Daten aller im VU University Medical Center in Amsterdam von 1972 bis 2015 vorgestellten transidenten Patienten aller Altersstufen aus. Da es sich um das einzige Behandlungszentrum für Transidente in den Niederlanden handelt, sind Rückschlüsse auf landesweite Prävalenzraten möglich; sie lagen hiernach 2015 bei 1:3 800 für MtF- und bei 1:5 200 für FtM-Transidente. Die Zahl der in diesem Behandlungszentrum pro Jahr vorgestellten Transidenten stieg von 1980 bis 2015 um das 20-fache. Da in dieser Studie nur Transidente erfasst wurden, die aktiv eine Behandlung wünschten, etliche Transidente allerdings keine medizinische geschlechtsangleichende Behandlung wünschen, sowie einige eine Behandlung außerhalb der Niederlande suchen, dürften die realen Prävalenzraten noch höher liegen.

Aus Großbritannien wird über eine Steigerung der Zuweisungsrate von Kindern und Jugendlichen in Gender-Kliniken um 700 % von 2013 bis 2018 berichtet (Gilligan, 2018).

Ältere Studien ergaben Prävalenzraten von 0.45 in Schweden (Wålinder, 1971) bis 23.6 per 100 000 für alle Altersgruppen in Singapur (Tsoi, 1988). Diese Zahlen wurden aus der Anzahl berichteter geschlechtsangleichender Operationen (sex reassignment surgery – SRS) oder in Deutschland aus der Zahl der Anträge nach Vornamens- und Personenstandsänderung nach dem Transsexuellengesetz (TSG) ermittelt, dürften somit die Zahl transidenter Menschen deutlich unterschätzen, da sich viele keiner SRS unterziehen und viele keine TSG-Anträge stellen. Kuyper und Wijsen (2014) befragten 8 064 15- bis 70-jährige Niederländer nach ihrem Geschlechtsempfinden und kamen zu dem Ergebnis, dass 0,6 % der Männer und 0,2 % der Frauen über eine ambivalente oder inkongruente Geschlechtsidentität in Kombination mit einer Ablehnung ihres Körpergeschlechts und Wunsch nach hormoneller/chirurgischer Behandlung berichteten.

In einer sorgfältigen mathematischen Analyse der in den vorliegenden Studien angegebenen Prävalenzraten und weiterer Felddaten (z. B. Zahl der im öffentlichen Dienst Flanderns tätigen Transidenten) kommen Olyslager und Conway (2007) zu einer Mindestprävalenzrate von 1:500.

Nach den neuseeländischen und US-amerikanischen Daten ergäben sich grob hochgerechnet in Deutschland Zahlen von bis zu 960 000 transidenten Menschen aller Altersgruppen, eine Zahl, die wohl zu hoch liegen dürfte. Die hohen neuseeländischen und US-amerikanischen Prävalenzraten unter High und Middle School Schüler*innen sind wohl so einzuschätzen, dass viele Schüler*innen sich aufgrund ihres jungen Alters noch unsicher hinsichtlich ihres Geschlechtsempfindens waren oder aber sich als nicht gender-binär einschätzten, somit ein breiteres Spektrum nicht-binären Geschlechtsempfindens abbilden. Legt man die Daten aus Singapur zugrunde, käme man auf eine geschätzte Gesamtzahl von 19 000 transidenten Menschen aller Altersstufen in Deutschland. Nach den Berechnungen von Olyslager und Conway gäbe es in Deutschland eine Zahl von mindestens 160 000 transidenten Menschen, die realistisch erscheint.

Sicher nachweisbar ist eine weltweit stark ansteigende Zahl behandlungssuchender transidenter Menschen. Dies spiegelt sich in den deutlich höheren Prävalenzraten im Vergleich zu Schätzungen in früheren Jahrzehnten wider. In früheren Jahren wagten es Betroffene oft nicht professionelle Hilfe zu suchen, diese war zudem gar nicht vorhanden. Die zunehmende Präsenz der Thematik in den Medien hat sicherlich dazu geführt, dass es viele Betroffene eher wagen, ihr Problem offenzulegen und nach Hilfe zu suchen.

Der Altersgipfel bei Behandlung suchenden Transkindern und -jugendlichen liegt zwischen 15 und 17 Jahren, dieses bedingt durch Leiden an den pubertären Veränderungen. Insbesondere suchen Transjungen, geburtsgeschlechtliche Mädchen, selten vor Pubertätseintritt eine Behandlung, da sie oftmals zuvor problemlos als burschikose Mädchen leben konnten, auch trotz ihres jungenhaften Auftretens keine Ablehnung erfuhren. Transmädchen – geburtsgeschlechtliche Jungen, die als Mädchen zu leben wünschen – werden hingegen schnell auffällig und werden daher oftmals schon im Kindesalter vorgestellt.

Auch die Geschlechtsverteilung hat sich weltweit in den letzten 10 Jahren dramatisch stark verändert. Während zuvor in der Mehrzahl Transmädchen in Spezialsprechstunden vorgestellt wurden, dominieren heute Transjungen (Aitken et al., 2015). In dieser Studie berichten die Autoren über 420 13- bis 18-jährige in der Amsterdamer Gender-Klinik vorgestellte Jugendliche und über 328 Jugendliche gleichen Alters, die in der Torontoer Gender-Klinik vorgestellt wurden. In

Toronto lag der Anteil von Transjungen von 1999 bis 2005 bei 32 %, von 2006 bis 2013 bei 64 %. In der Amsterdamer Gender-Klinik stieg der Anteil von Transjungen im selben Zeitraum von 41 % auf 63 %. In beiden Kliniken zeigte sich somit ein sehr ähnliches Bild. Veale et al. (2017) berichten über 923 kanadische Transgender-Jugendliche, die über Gemeindeorganisationen, Gesundheitszentren, soziale Medien und Netzwerk-Kontakte der Autor*innen erreicht wurden. Von Interesse ist hier, dass von den 14- bis 18-Jährigen sich 11 % als transfemale, 47 % als transmale und 42 % als non-binary identifizierten, in der Gruppe der 19- bis 25-Jährigen identifizierten sich 20 % als transfemale, 40 % als transmale und 40 % als non-binary. Auch hier liegt ein deutliches Überwiegen von Transjungen vor, auffällig ist zudem die hohe Zahl der sich als nicht-binär Einschätzenden.

Eine Multi-Center Studie von 959 12- bis 18-jährigen Jugendlichen, die von Januar 2009 bis Dezember 2013 an vier europäische Gender-Kliniken überwiesen wurden, fand in Amsterdam mit 54 %, in Gent mit 66 %, in Zürich mit 58 % und in London mit 64 % ein deutliches Überwiegen von Transjungen (de Graaf et al., 2017). In der 2011 in Tampere/Finnland neugegründeten Gender-Klinik wurden in den ersten zwei Jahren 41 FtM-Adoleszente und nur 6 MtF-Adoleszente vorgestellt (Kaltiala-Heino, 2015).

Auch in den deutschen Gender-Kliniken in Frankfurt, Hamburg, Münster und München werden heute in dramatisch höherer Zahl Transjungen als Transmädchen vorgestellt. Meyenburg, Schmidt und Renter werteten von ihnen 2003 – 2017 erstellte Gutachten zu Anträgen auf Vornamens- und Personenstandsänderung nach dem sog. Transsexuellengesetz von 288 jugendlichen (9- bis 19-jährigen) Antragsteller*innen aus und kamen zu dem Ergebnis, dass bereits im Zeitraum 2003-2014 die (geburtsgeschlechtlich weiblichen) Transjungen mit 67 % doppelt häufiger diese Anträge stellten als Transmädchen mit 33 %. Im Zeitraum 2015-2017 war der Anteil der Transjungen auf 82 % gestiegen (Signifikanz der Unterschiede nach Erhebungsjahr: $p = .005$).

Über die Gründe dieser Umkehr der Sex Ratio können nur Mutmaßungen angestellt werden, so die, dass Transidentität lange Zeit als ein nur bei geburtsgeschlechtlich männlichen Personen vorkommendes Phänomen angesehen wurde oder, dass (geburtsgeschlechtlich weibliche) Transmänner lange Zeit einen Weg wählten, als sehr männlich auftretende lesbische Frauen zu leben. Für letztere Annahme spricht, dass die Zahl eben dieser sehr männlich auftretenden lesbischen Frauen deutlich zurückzugehen scheint.

4.1 Neuere kritische Diskussion der Zunahme von Prävalenz bei FtM Jugendlichen

Zu einer sehr kontroversen Diskussion führte die Publikation der Ärztin und Psychologin Lisa Littman (Brown University School of Public Health in Providence/Rhode Island) über ein scheinbar schlagartig massenhaftes Auftreten von Geschlechtsdysphorie bei jugendlichen Mädchen mit zuvor unauffälliger geschlechtstypischer Entwicklung. Dieses erstmals 2018 publizierte Phänomen bezeichnet Littman als ROGD, »Rapid Onset Gender Dysphoria«. Littman wertete 256 Fragebögen aus, die an Eltern verschickt worden waren, die zunächst in drei Internetforen über ein solches plötzliches Auftreten von Geschlechtsdysphorie bei ihren Kindern berichtet hatten. 82,8 % dieser Kinder waren weiblichen Geburtsgeschlechts. Über diese Foren wurden nach dem Schneeballprinzip weitere Eltern erreicht, es handelt sich also nicht um eine repräsentative Studie, die Jugendlichen selbst wurden nicht befragt. Dies betont auch die Autorin. Nach Ansicht der Eltern sei als Ursache anzusehen, dass diese Jugendlichen sich in Peergruppen aufhielten, in denen einige oder gar alle Freund*innen eine Geschlechtsdysphorie entwickelt hatten, dass die Jugendlichen zudem deutlich mehr Media-/Internetkonsum vor Offenlegung ihrer Geschlechtsdysphorie hatten, sie somit nach Ansicht der Eltern in eine falsche Richtung gedrängt worden waren. Die Autorin formuliert diese Vermutung mit Vorsicht: »The description of cluster outbreaks of gender dysphoria occurring in pre-existing groups of friends and increased exposure to social media/internet preceding a child's announcement of a transgender identity raises the possibility of social and peer contagion«.

Diese Publikation Littmans hat zu einer sehr kontroversen Diskussion geführt, ob Transidentität sich zu einem Modetrend entwickelt habe, eine Lösung für ein Nicht-Zurechtkommen mit dem (mehrheitlich) weiblichen Geschlecht sei (z. B. Zink, 2018). Berichtet wird auch über weibliche Jugendliche, die zu der festen inneren Überzeugung gelangt waren, im falschen Körper zu leben und eine hormonelle gegengeschlechtliche Behandlung sowie die operative Brustentfernung erhielten, wenige Jahre später jedoch dieses als Fehler erkannten und wieder im weiblichen Geburtsgeschlecht leben (»retransitioning«, McCann, 2017). In den USA brach ein Sturm der Entrüstung von LGBTQ-Verbänden aus, den Interessenverbänden von lesbischen, schwulen, bisexuellen, transgender und queeren Menschen, die Kritik an dem wissenschaftlichen Vorgehen äußerten und den Vorwurf erhoben, es handele sich um eine transfeindliche Stellungnahme, die das Ziel habe, transidenten Kindern und Jugendlichen eine geschlechtsangleichende Behandlung zu verwehren (Vigo, 2018).

Die lautstark geführte Kampagne gegen die Littman-Studie führte dazu, dass die Brown-University die Publikation zeitweise zurückzog, mit der Begründung, dass eine Überarbeitung notwendig sei. Hiergegen wandten sich wiederum hunderte von Wissenschaftler*innen, die die Freiheit der Wissenschaft als gefährdet ansahen, in einer Online-Petition. Nach einem Review wurde die Littman-Studie dann erneut am 19.03.2019 leicht verändert publiziert, ergänzt um Notizen des post-publication reassessment-Teams, in denen u. a. hervorgehoben wird, dass es sich um Elternberichte handelt, aus denen heraus Hypothesen entwickelt wurden, dass die Bezeichnung ROGD nur mit Vorsicht verwendet werden sollte. Weiterhin wird diese Studie jedoch heftig methodologisch kritisiert und der Autorin ein stigmatisierende, pathologisierende Grundeinstellung vorgeworfen (Restar, 2019).

4.1 Neuere kritische Diskussion der Zunahme von Prävalenz bei FtM Jugendlichen

Nach den Erfahrungen in den deutschen Transidentitätssprechstunden ist es zwar nicht gänzlich von der Hand zu weisen, dass es bedingt durch die allgegenwärtige mediale Vernetzung von Jugendlichen und auch durch Kontakte zu anderen transidenten Jugendlichen zu Entwicklungen kommen kann, in denen Mädchen ein Geschlechtswechsel als ein Ausweg aus dem als schwierig erlebten Hereinwachsen in die Frauenrolle erscheint. In der Frankfurter Transidentitätssprechstunde sind jedoch beispielsweise bislang nur drei weibliche Jugendliche vorgestellt worden, die einen solchen Entwicklungsverlauf zeigten. Die überaus große Zahl biologisch weiblicher Jugendlicher, die in den letzten Jahren zur Vorstellung kamen, kann durch ein solches Phänomen sicher nicht erklärt werden.

Fragen zur Überprüfung der Lernziele

1. In welchem Alter werden transidente Kinder/Jugendliche am häufigsten vorgestellt?
2. Sind in den letzten 20 Jahren Veränderungen der Sex Ratio bei transidenten Kindern und Jugendlichen aufgetreten? Wenn ja, welche?

5 Entwicklungsverläufe

Das Wissen um die Geschlechtszugehörigkeit ist bei Kindern einer der frühesten Bausteine ihrer Identitätsfindung, es besteht meist bereits im zweiten bis dritten Lebensjahr eine feste innere Gewissheit Mädchen oder Junge zu sein. Gewissheit, dass die Geschlechtszugehörigkeit unveränderbar ist, besteht ab einem Alter von sieben Jahren (Marcus & Overton, 1978). Nahezu immer werden Mädchen und Jungen unterschiedlichen Sozialisationseinflüssen ausgesetzt, von der Wahl der Kleidung, der Spielsachen bis hin zur Wahl des Vornamens. Es gibt jedoch auch deutliche Hinweise darauf, dass pränatal wirksame biologische Faktoren zu einer unterschiedlichen geschlechtsspezifischen Hirndifferenzierung beitragen (▶ Kap. 10.1). Andererseits zeigen jüngere Kinder noch eine deutlich höhere Varianz von als geschlechtsspezifisch angesehenem Verhalten und Interessen, die sich mit zunehmendem Alter zurückbilden. Nicht wenige Kinder äußern darüber hinaus den Wunsch, dem anderen Geschlecht anzugehören, sie verfügen jedoch über ein Wissen über ihr biologisches Geschlecht (▶ Kap. 2.1.4). Einige wenige Kinder äußern die feste innere Überzeugung, sie gehören dem Gegengeschlecht an. Bei diesen Kindern kann eine Transidentität vorliegen (▶ Kap. 2.1.2, »Lena«).

Zu den Entwicklungsverläufen transidenter Kinder liegen nur wenige Studien vor. Die wenigen älteren Verlaufsberichte mit nur kleinen Fallzahlen zeigten in der Mehrheit bei transidenten Kindern ein Desistieren der Transidentität, in diesen älteren Studien wurden nur Jungen nachuntersucht. Zucker und Green (1992) fassten die zu dieser Zeit vorliegenden Katamneseberichte zusammen. Sie schlossen erstmals in der Adoleszenz untersuchte Jungen aus und berichten über 55 Jungen, die im Alter von 13 bis 36 Jahren nachuntersucht wurden. Fünf waren transident, 21 homosexuell, einer ein heterosexueller Transvestit und 14 heterosexuell; bei 14 Jungen war eine Einschätzung nicht möglich. Eine Zusammenfassung über bis 2008 publizierte prospektive Untersuchungen von Kindern mit Geschlechtsdysphorie geben Steensma et al. (2011). Bei 39 der 246 nachuntersuchten Kinder (15,8 %) war eine Persistenz der Geschlechtsdysphorie in der Adoleszenz festzustellen.

Aus der Torontoer Gender Clinic liegen zwei follow-up Studien transidenter Kinder vor. Drummond et al. (2008) untersuchten 25 zwischen 1975 und 2004 erstmals im Alter von 3-12 Jahren vorgestellte Mädchen. Die follow-up Untersuchung fand 3-27 Jahre später statt, die Nachuntersuchten waren 15-36 Jahre alt. Bei drei Nachuntersuchten (12 %) fand sich eine Persistenz der Transidentität. Die Persistenzrate liegt deutlich niedriger als bei follow-up Studien von Jugendlichen oder Erwachsenen, hier liegt sie über 70 % (Smith et al., 2005). Kritisch anzumerken ist zur Studie von Drummond et al., dass nur 15 (60 %) der nachuntersuchten Mädchen die DSM-Kriterien einer Geschlechtsidentitätsstörung erfüllten, die restlichen 40 % nur teilweise (»subthreshold«). Bei zwei persistierenden Verläufen waren zum Zeitpunkt der Erstuntersuchung die DSM-Kriterien voll erfüllt, von den Mädchen mit niederschwelligen Merkmalen persistierte die Geschlechtsdysphorie bei einer. Wenn die Zahl der Nachuntersuchten auch klein ist, so zeigt sich doch eine Tendenz zum Persistieren der Geschlechtsdysphorie, wenn schon in der Kindheit das Vollbild einer transidenten Entwicklung vorlag. Zu diesem Ergebnis kommen auch Steensma et al. (2011; s. u.).

Ebenfalls aus der Torontoer Gender Clinic liegt eine follow-up Studie von 139 dort erstmals zwischen 1975-2004 untersuchten präpubertären Jungen vor (Singh, 2012). Diese Jungen wurden 2,8-29,3 Jahre später nachuntersucht, sie waren zu diesem Zeitpunkt 13-39 Jahre alt. Bei 17 der Nachuntersuchten (12,2 %) fand die Autorin eine Persistenz der Geschlechtsdysphorie. Ähnlich wie bei der Nachuntersuchung von Mädchen von Drummond et al. (2008) fand sich auch hier, dass die Persistenzrate tendenziell (nicht signifikant) höher lag, wenn bei Erstuntersuchung DSM-Kriterien erfüllt waren (13,6 % von n = 88) verglichen mit 9,8 % von den Jungen, die bei der Erstuntersuchung die DSM-Kriterien nicht erfüllten (n = 51).

In einer quantitativen follow-up Studie von 127 Kindern (79 Jungen, 48 Mädchen, die bei der Erstvorstellung in der Gender Clinic der Vrijen Universiteit (VU) Amsterdam jünger als 12 Jahre alt waren, fanden Steensma et al. (2013) eine Persistenz der Geschlechtsdysphorie bei 47 (37 %) der Nachuntersuchten. Die Persistenzrate lag bei den biologischen Mädchen mit 50 % (n = 24) deutlich höher als bei den Jungen (30 %, n = 23). Gründe hierfür dürften sein, dass die Mädchen bei Erstvorstellung älter als die Jungen waren und die Intensität ihrer Geschlechtsdysphorie deutlich stärker als bei den Jungen ausgeprägt war.

Eine Katamnesestudie von in der Frankfurter Sprechstunde für transidente Entwicklungen im Kindes- und Jugendalter vorgestellten Patienten (Neugebauer, 2014; teilweise publiziert in Meyenburg et al., 2015) ergab ein vergleichbares Ergebnis. Nachuntersucht wurden 84 Kinder und Jugendliche, die seit 1987 in der Frankfurter Transidentitätssprechstunde vorgestellt worden waren und die Diagnose einer Geschlechtsidentitätsstörung des Kindesalters bzw. nach Erreichen der Pubertät die Diagnose Transsexualismus (nach ICD-10) erhalten hatten. Der Katamnesezeitraum betrug 3-23 Jahre (Mittel 9,7 Jahre), das Alter bei Erstuntersuchung 4-18 Jahre, bei Nachuntersuchung in 2009/2010 11-35 Jahre. Erreicht wurden 63 ehemalige Patienten, von denen 34 Fragebögen zur Katamnese, Lebenszufriedenheit und Psychopathologie zurücksandten; 31 dieser Fragebögen waren auswertbar. Zusätzlich konnten 15 ehemalige Patienten telefonisch erreicht werden, so dass Aussagen zur Persistenz der Transidentität über 46 ehemalige Patienten möglich sind (▶ Tab. 5.1).

Die Ergebnisse zeigen die schon beschriebene Verschiebung der Sex Ratio hin zu mehr FtM-Entwicklungen bei Jugendlichen im Vergleich zu Kindern (▶ Kap. 4), weiterhin eine mit den zitierten Voruntersuchungen vergleichbare Persistenzrate bei Kindern von 33 %, bei Jugendlichen eine deutlich höhere Persistenzrate von 93 %.

Tab. 5.1: Katamnesedaten Frankfurter Transidentitätssprechstunde

	n	Persistenzrate	Desistenzrate
Kinder MtF	16	6 (37 %)	10
Kinder FtM	5	1 (20 %)	4
Kinder gesamt (4-12J.)	21	7 (33 %)	14
Jugendliche MtF	11	9 (82 %)	2
Jugendliche FtM	14	13 (93 %)	1
Jugendliche gesamt (13-18 J.)	25	22 (93 %)	3
N	46	29	17

Es gibt gute Gründe für die Annahme, dass Persistenzraten unterschätzt werden, da die älteren DSM-III und -IV Kriterien (auch die ICD-10 Kriterien) relativ weit gefasst sind, die strikteren DSM-5 Kriterien mehr Kinder von der Diagnose Geschlechtsdysphorie ausschließen und somit die Zahl der persistierenden Geschlechtsdysphorien steigen wird (Hembree et al., 2017).

Von besonderem Interesse ist die Frage nach prädiktiven Faktoren für eine Persistenz der Transidentität bei Kindern. Steensma et al. (2011) führten semistrukturierte Interviews von 25 Jugendlichen durch, bei denen in der Gender Identity Clinic des Amsterdamer VU Medizinischen Universitätszentrums in der Kindheit die Diagnose einer Geschlechtsidentitätsstörung (nach DSM-IV oder DSM-IV-TR) gestellt worden war. Insgesamt 14 Jugendliche (7 Jungen und 7 Mädchen) hatten sich im Alter von 14-18 Jahren erneut mit der Bitte um geschlechtsangleichende Behandlung an die Amsterdamer Klinik gewandt, 11 Jugendliche (6 Jungen und 5 Mädchen) hatten sich nicht wieder an die Klinik gewandt, so dass angenommen wurde, dass eine Geschlechtsdysphorie nicht mehr vorlag. Es fanden sich deutliche Hinweise, dass die Intensität der Geschlechtsdysphorie im Kindesalter ein bedeutsamer prädiktiver Faktor war. Weiterhin fanden die Untersucher, dass im Alter von 10 bis 13 Jahren entscheidende Weichenstellungen hinsichtlich der Persistenz stattfanden. Nach diesem Alter wurde nur noch selten eine Veränderung des gegengeschlechtlichen Zugehörigkeitsempfindens gesehen.

Diese Forschungsergebnisse sind wichtig, da kritische Einwände gegen eine als zu früh angesehene hormonelle Behandlung in der Adoleszenz erhoben werden (Korte et al., 2008), zu dieser Zeit sei die Geschlechtsidentität noch nicht festgelegt. Die niederländischen Forschungsergebnisse legen jedoch nahe, dass bei einer Persistenz der Geschlechtsdysphorie über das Alter von 13 Jahren hinaus sich die Betroffenen mit hoher Sicherheit transident entwickeln werden. Zudem wird in diesem Alter auch zunächst nur eine reversible pubertätshemmende Behandlung empfohlen, noch nicht die partiell irreversible gegengeschlechtliche Hormontherapie (▶ Kap. 14).

Neben durchgehend seit der Kindheit bestehenden transidenten Entwicklungsverläufen gibt es häufig auch Verläufe, in denen eine Geschlechtsdysphorie erst später, nach der Pubertät bei zuvor (scheinbar?) unauffälliger geschlechtstypischer Entwicklung auftreten. Diese unterschiedlichen Verlaufsformen werden als early-onset vs. late-onset Entwicklungen bezeichnet. Nieder et al. (2011) untersuchten 170 transidente Erwachsene aus vier europäischen Ländern, von diesen lag bei 56,5 % eine early-onset transidente Entwicklung vor; deutlich häufiger bei Transmännern (77,9 %) als bei Transfrauen (38,7 %). Auch im Jugendalter werden late-onset Verläufe nach zuvor (scheinbar?) unauffälliger geschlechtstypischer Entwicklung gesehen. Bei solchen Verläufen ist eine besonders sorgfältige Diagnostik wichtig. Nicht selten finden sich doch Hinweise auf eine schon früh vorliegende Transidentität, auch kann es ein geschlechtsatypische Entwicklungen stark ablehnendes familiäres und soziales Umfeld betroffenen Kindern sehr erschweren, wenn nicht unmöglich machen, ihr transidentes Empfinden offenzulegen. Erst die pubertären Veränderungen führen dann zu einem starken Leidensdruck, der zum Offenlegen der Transidentität führt. Typischerweise berichten in diesen Fällen die Eltern, ihr Kind habe sich zuvor gänzlich unauffällig entwickelt.

Daneben gibt es Entwicklungsverläufe, bei denen in der Kindheit eine Geschlechtsdysphorie vorliegt, im Jugendalter verschwindet und im Erwachsenenalter wird erneut eine geschlechtsangleichende Behandlung gewünscht; eine Entwicklung, die Steensma und Cohen-Kettenis (2015) als Persister-after-interruption bezeichnen. Auch hier kann angenommen werden, dass von Seiten des sozialen Umfelds ausgeübter Druck und/oder eine stärker um soziale Anpassung bemühte Charakterstruktur gerade im Jugendalter scheinbar zu einem Desistieren der transidenten Entwicklung geführt hat. Viele transidente Jugendliche berichten von Versuchen, sich angepasst geschlechtstypisch zu verhalten, um nicht in eine soziale Außenseiterposition zu gelangen.

Auch bei den in diesem Band beschriebenen Kindern mit scheinbar desistierenden Entwicklungsverläufen kann nicht ausgeschlossen werden, dass diese zu einem späteren Zeitpunkt erneut geschlechtsdysphorisch auffällig werden (▶ Kap. 2.1.4, »Noah«).

Fragen zur Überprüfung der Lernziele

1. Verlaufen transidente Entwicklungen bei Kindern und Jugendlichen unterschiedlich?
2. Welche Persistenzraten werden bei transidenten Entwicklungen im Kindesalter berichtet?

6 Klassifikation

In den neueren Klassifikationssystemen der Weltgesundheitsorganisation WHO (International Classification of Diseases ICD-11, 2018) und der American Psychiatric Association (Diagnostic and Statistical Manual of Mental Disorders DSM-5, 2013) wird Transidentität nicht mehr als psychische Störung aufgeführt. Im DSM-5 wird statt »gender identity disorder« jetzt von Geschlechtsdysphorie gesprochen. Lediglich wenn ein Leiden an der Inkongruenz von psychischem und bei Geburt zugewiesenem Geschlecht vorliegt, ist die Diagnose einer psychischen Störung zu stellen. Bei transidenten Entwicklungen ohne Leidensdruck ist keine Diagnose zu stellen. In der alten ICD-10 wird noch der Begriff Geschlechtsidentitäts*störung* verwandt, nach Abschluss der pubertären Entwicklung der Begriff Transsexualismus. In der ICD-11 werden transidente Entwicklungen aus dem Kapitel Sexuelle Störungen herausgenommen und in einem gesonderten Kapitel »Conditions related to sexual health« unter dem Begriff Geschlechtsinkongruenz (gender incongruence) aufgeführt. In beiden Klassifikationssystemen wird somit anerkannt, dass Geschlechtsempfinden nicht als gesund oder krank anzusehen ist, aus einer Inkongruenz von biologischem Geschlecht und Geschlechtsempfinden jedoch Leiden erwachsen kann und es den Betroffenen zusteht, dass Behandlungskosten von Krankenkassen übernommen werden. Auch aus diesem Grund wurde die Aufführung der Transidentität zumindest partiell beibehalten.

6.1 Diagnostische Kriterien nach DSM-5: Geschlechtsdysphorie[1]

Geschlechtsdysphorie bei Kindern (F64.2)

A. Eine seit mindestens 6 Monaten bestehende ausgeprägte Diskrepanz zwischen Gender und Zuweisungsgeschlecht, wobei mindestens sechs der folgenden Kriterien erfüllt sein müssen (von denen eines Kriterium A1 sein muss):

---

1 Abdruck erfolgt mit Genehmigung vom Hogrefe Verlag Göttingen aus dem Diagnostic and Statistical Manual of Mental Disorders Fifth Edition, © 2013 American Psychiatric Association, dt. Version © 2018 Hogrefe Verlag.

1. Ausgeprägtes Verlangen oder Insistieren, dem anderen Geschlecht (oder einem alternativen Gender, das sich vom Zuweisungsgeschlecht unterscheidet) anzugehören.
2. Bei Kindern mit männlichem Zuweisungsgeschlecht: ausgeprägte Vorliebe, sich weiblich zu kleiden und zu schminken; bei Kindern mit weiblichem Zuweisungsgeschlecht: ausgeprägte Vorliebe für ausschließlich maskuline Kleidung und großer Widerstand, typisch feminine Kleidung zu tragen.
3. Ausgeprägte Vorliebe dafür, in Rollen- oder Fantasiespielen gegengeschlechtliche Rollen einzunehmen.
4. Ausgeprägte Vorliebe für Spielzeug, Spiele oder Aktivitäten, mit denen sich Kinder des anderen Geschlechts typischerweise beschäftigen.
5. Ausgeprägte Vorliebe für Spielgefährten des anderen Geschlechts.
6. Bei Kindern mit männlichem Zuweisungsgeschlecht: ausgeprägte Ablehnung typisch jungenhafter Spiele, Spielzeug und Aktivitäten und ausgeprägte Vermeidung von Raufen und Balgen; bei Kindern mit weiblichem Zuweisungsgeschlecht: ausgeprägte Ablehnung typisch mädchenhafter Spiele, Spielzeug und Freizeitaktivitäten.
7. Ausgeprägte Ablehnung der eigenen primären Geschlechtsmerkmale.
8. Ausgeprägtes Verlangen nach den primären und/oder sekundären Geschlechtsmerkmalen im Einklang mit dem erlebten Gender.

B. Klinisch bedeutsames Leiden oder Beeinträchtigungen in sozialen, schulischen oder anderen wichtigen Funktionsbereichen.

Bestimme ob:
Mit einer Variation bzw. Störung der Geschlechtsentwicklung (z. B. ein adrenogenitales Syndrom, wie E25.0, die angeborene Nebennierenrindenhyperplasie, oder E34.50, das Androgenresistenz-Syndrom).
Codierhinweis: Wenn dies zutrifft, ist sowohl die Variation bzw. Störung der Geschlechtsentwicklung als auch die Geschlechtsdysphorie zu codieren.

Geschlechtsdysphorie bei Jugendlichen und Erwachsenen (F64.1)

A. Eine seit mindestens 6 Monaten bestehende ausgeprägte Diskrepanz zwischen Gender und Zuweisungsgeschlecht, wobei mindestens zwei der folgenden Kriterien erfüllt sein müssen:

1. Ausgeprägte Diskrepanz zwischen Gender und den primären und/oder sekundären Geschlechtsmerkmalen (oder bei Jugendlichen, den erwarteten sekundären Geschlechtsmerkmalen).
2. Ausgeprägtes Verlangen, die eigenen primären und/oder sekundären Geschlechtsmerkmale loszuwerden (oder, bei Jugendlichen, das Verlangen, die Entwicklung der erwarteten sekundären Geschlechtsmerkmale zu verhindern).
3. Ausgeprägtes Verlangen nach den primären und/oder sekundären Geschlechtsmerkmalen des anderen Geschlechts.

4. Ausgeprägtes Verlangen, dem anderen Geschlecht anzugehören (oder einem alternativen Gender, das sich vom Zuweisungsgeschlecht unterscheidet).
5. Ausgeprägtes Verlangen danach, wie das andere Geschlecht behandelt zu werden (oder die eines alternativen Gender, das sich vom Zuweisungsgeschlecht unterscheidet).
6. Ausgeprägte Überzeugung, die typischen Gefühle und Reaktionsweisen des anderen Geschlechts aufzuweisen (oder die eines alternativen Gender, das sich vom Zuweisungsgeschlecht unterscheidet).

B. Klinisch relevantes Leiden oder Beeinträchtigungen in sozialen, schulischen oder anderen wichtigen Funktionsbereichen.

Bestimme ob:
Mit einer Variation bzw. Störung der Geschlechtsentwicklung (z. B. ein adrenogenitales Syndrom, wie E25.0, die angeborene Nebennierenrindenhyperplasie, oder E34.50, das Androgenresistenz-Syndrom).
Codierhinweis: Wenn dies zutrifft, ist sowohl die Variation bzw. Störung der Geschlechtsentwicklung als auch die Geschlechtsdysphorie zu codieren.
Bestimme ob:
Neben der Geschlechtsangleichung: Die Person lebt vollständig in der gewünschten Geschlechterrolle (mit oder ohne gesetzliche Anerkennung) und hat sich mindestens einer geschlechtsangleichenden Behandlungsmaßnahme unterzogen (oder bereitet sich auf eine solche vor) – entweder eine regelmäßige gegengeschlechtliche Hormonbehandlung und/oder eine geschlechtsangleichende Operation (z. B. Penektomie, Vaginalplastik bei männlichen Zuweisungsgeschlecht; Mastektomie und/oder Phalloplastik bei weiblichem Zuweisungsgeschlecht).

6.2 Diagnostische Kriterien nach ICD-11: Geschlechtsinkongruenz[2]

HA61 Geschlechtsinkongruenz im Kindesalter
Eine Geschlechtsinkongruenz im Kindesalter ist durch eine deutliche Inkongruenz von erlebtem/gelebtem Geschlecht (experienced/expressed gender) und dem bei Geburt zugewiesenen Geschlecht bei präpubertären Kindern gekennzeichnet. Sie schließt den starken Wunsch ein, einem vom zugewiesenen

---

2 gemäß WHO, 2018, Übersetzung des Autors

Geschlecht abweichendem Geschlecht anzugehören, eine starke Abneigung des Kindes gegen seine primären Geschlechtsorgane oder die antizipierten sekundären Geschlechtsmerkmale und/oder einen stark ausgeprägten Wunsch, die primären und/oder sekundären Geschlechtsmerkmale zu besitzen, die zum erlebten Geschlecht passen; weiterhin Rollen- oder Fantasiespiele, Spielsachen, Spiele oder Aktivitäten und Spielkameraden, die typischer für das erlebte als das zugewiesene Geschlecht sind. Die Inkongruenz muss seit 2 Jahren bestehen. Geschlechtsvariantes Verhalten und Vorlieben allein sind nicht ausreichend, um die Diagnose zu stellen.

HA60 Geschlechtsinkongruenz im Jugend- und Erwachsenenalter
Geschlechtsinkongruenz im Jugend- und Erwachsenenalter ist durch eine deutliche und persistierende Inkongruenz von erlebtem und zugewiesenem Geschlecht (experienced gender and the assigned sex) gekennzeichnet und manifestiert sich in mindestens zwei der folgenden Punkte: 1) starke Ablehnung der primären und sekundären Geschlechtsmerkmalen oder starkes Unbehagen hierüber (bei Jugendlichen: antizipierte sekundäre Geschlechtsmerkmale) aufgrund der Inkongruenz mit dem erlebten Geschlecht; 2) ein starkes Verlangen, sich seiner primären und/oder sekundären Geschlechtsmerkmale zu entledigen (bei Jugendlichen: der antizipierten sekundären Geschlechtsmerkmale) aufgrund ihrer Inkongruenz mit dem erlebten Geschlecht; 3) ein starkes Verlangen, die primären und sekundären Geschlechtsmerkmale des erlebten Geschlechts zu besitzen. Die Betroffenen haben ein starkes Verlangen, als Person des von ihnen erlebten Geschlechts behandelt (so zu leben und akzeptiert zu werden) zu werden. Die erlebte Geschlechtsinkongruenz muss mindestens mehrere Monate lang durchgehend bestehen. Die Diagnose kann nicht vor Pubertätsbeginn gestellt werden. Geschlechtsvariantes Verhalten und Vorlieben allein sind nicht ausreichend, um die Diagnose zu stellen.

Kritisch anzumerken ist im ICD-11 die unterschiedliche Zeitdauer des Bestehens der Geschlechtsinkongruenz, um diese Diagnose stellen zu können. Während bei Kindern die geforderte Zeitdauer von mindestens zwei Jahren eher zu lang erscheint, scheint die vage Zeitangabe »mehrere Monate« bei Jugendlichen und Erwachsenen zu kurz. Die im DSM-5 empfohlene Zeitdauer des Bestehens einer Geschlechtsdysphorie bei allen Altersgruppen von mindestens 6 Monaten scheint auch aufgrund der eigenen klinischen Erfahrungen realistischer.

Fragen zur Überprüfung der Lernziele

1. Welche neue Sichtweise auf transidente Entwicklungen haben die Klassifikationssysteme ICD-11 und DSM-5?
2. Welcher diagnostische Begriff wird in ICD-11 verwendet?
3. Wie lange sollte eine Geschlechtsdysphorie vorliegen, um nach DSM-5 diese Diagnose stellen zu können?

7 Diagnostik

Bei transidenten Kindern und Jugendlichen ist es von großem Vorteil, die Eltern und/oder Erziehungspersonen nach der Vorgeschichte der transidenten Entwicklung befragen zu können. Wichtig sind Fragen nach dem Zeitpunkt des Auftretens erster geschlechtsatypischer Interessen (ausgehend vom Geburtsgeschlecht) und nach der Intensität geschlechtsatypischer Interessen und Verhaltensweisen. Gefragt werden sollte so nach ersten Anzeichen geschlechtsatypischer Entwicklung sowie nach der Persistenz dieser Interessen.

> **Elterninterview Kinder**
>
> Gezielte Befragung nach:
>
> - besonderem Interesse an Kleidung, Schmuck, Kosmetik des anderen Geschlechts
> - Tragen der Kleidung des anderen Geschlechts, bei jüngeren Transmädchen oftmals Imitieren von Mädchenkleidern durch Tücher o. ä.
> - Tragen der Haartracht des anderen Geschlechts
> - bevorzugte bzw. abgelehnte Spiele und Spielsachen, insbesondere Autos, Waffen, Puppen
> - Interesse an Sport und Raufspielen
> - Interesse an Tanz und Ballett
> - Körpererleben: Wunsch, keinen Penis zu haben bzw. Fantasie, es werde ein Penis wachsen
> - Versuche, im Stehen zu urinieren (Transjungen), bei Transmädchen: nie im Stehen urinieren
> - Geschlecht von Freunden und Spielkameraden

Erwähnt wurde bereits, dass viele Kinder sich bis Pubertätseintritt angepasst geschlechtstypisch verhalten, ein Leidensdruck erst nach Sichtbarwerden der pubertären Veränderungen eintritt. Hier ist jedoch differenziert zu erfassen, ob sich die erst später offen transident entwickelnden Kinder genuin zufrieden mit ihrem Geburtsgeschlecht zeigten oder ob aufgrund großen sozialen Drucks und der Neigung zu sozial angepasstem Verhalten der Wunsch, als Person des anderen Geschlechts zu leben, nicht geäußert oder ausgelebt wurde.

Ausreichend ist hierfür eine detaillierte Elternbefragung. In den von der niederländischen Forschungsgruppe um Cohen-Kettenis entwickelten Fragebögen

Utrecht Gender Dysphoria Scales UGDS-M und UGDS-F werden grundsätzlich eben diese geschlechtsatypischen Auffälligkeiten erfasst (siehe hierzu Ergebnisse einer Multicenter-Studie zu diesen Fragebögen in Schneider et al., 2016).

Daneben geben der bereits 1981 von Achenbach und Edelbrock entwickelte weithin verwendete Elternfragebogen Childhood Behavior Checklist (deutschsprachige Fassung vgl. Döpfner et al., 2014) und der für Jugendliche ab 11 Jahren normierte Youth Self Report YSR (Döpfner et al., 2014) Hinweise auf eine geschlechtsatypische Entwicklung. Zwei Items erfassen dies: Item 5 (verhält sich wie jemand des anderen Geschlechts) und Item 110 (wünscht, dem anderen Geschlecht anzugehören). Die Auswertung sollte mit Vorsicht erfolgen. Etliche transidente Jugendliche beantworten diese Fragen als nicht zutreffend, denn sie sehen sich nicht als Person, die sich wie ein Angehöriger/eine Angehörige des Gegengeschlechts verhält, sondern ihrem inneren Geschlechtsempfinden entsprechend.

CBCL und YSR geben zudem Hinweise auf etwaige psychopathologische Auffälligkeiten, insbesondere auf selbstverletzendes Verhalten und Suizidgefährdung, die häufig vorliegen, jedoch nicht benannt oder erfragt werden.

Jugendliche leben oftmals schon weitgehend im gewünschten Geschlecht und äußern differenzierte Wünsche, als Person des Gegengeschlechts angesprochen zu werden. Eltern sollten hier exploriert werden nach:

Elterninterview Jugendliche

Gezielte Befragung nach:

- Körpererleben, bei Transjungen Verbergen der Brüste durch Tapes oder Binder
- Äußerung des Wunsches, als Person des Gegengeschlechts zu leben
- Tragen von Kleidung und Haartracht des Gegengeschlechts; bei Transmädchen mit vorangeschrittenen männlich-pubertären Veränderungen oftmals intensives Rasieren von Barthaar und sonstiger Körperbehaarung sowie Tragen von Make-up
- Führen eines Vornamens des Gegengeschlechts
- Auftreten im Elternhaus und in der Öffentlichkeit als Person des Gegengeschlechts
- Wunsch nach hormoneller und chirurgischer geschlechtsangleichender Behandlung

---

Die Kinder und Jugendlichen sollten entsprechend der Elternbefragung ebenfalls exploriert werden. Wünsche und Fantasiewelt des Kindes/Jugendlichen können mit Fragen nach Träumen, Idealen, Vorbildern, Lieblingsschauspielern exploriert werden. Auch Antworten auf Fragen nach Berufswünschen sind oftmals aufschlussreich. Allerdings werden heute im Gegensatz zu früheren Jahren nicht mehr unbedingt klassische geschlechtsstereotype Berufswünsche genannt wie Kfz-Mechaniker bei Transjungen oder Friseurin bei Transmädchen. Ein kürzlich begutachtetes Transmädchen nannte beispielsweise als Berufswunsch Schreinerin.

Bei jüngeren Kindern können Verfahren wie »Drei magische Wünsche« und »Magische Verwandlung« Einblick in ihr inneres Erleben geben. Die Kinder werden gefragt, in was sie sich verwandeln lassen würden, wenn ein Zauberer zu ihnen käme, oder aber was sie sich wünschten, wenn der Zauberer ihnen drei freie Wünsche gewährte. Sehr häufig wird als größter Wunsch benannt, als Person des Gegengeschlechts leben zu können, häufig auch, die hierfür typischen Geschlechtsattribute zu besitzen (wie lange Haare und Kleider bei Transmädchen). Nicht selten wird auch der Wunsch geäußert, die Genitalien des Gegengeschlechts zu besitzen.

Jugendliche können auch nach Beziehungsinteressen und -erfahrungen befragt werden. Nicht selten haben vor allem ältere FtM Jugendliche bereits sexuelle Erfahrungen. Typischerweise vermeiden sie hierbei Berührungen im Intimbereich. Lassen sie es jedoch zu, ist dieses nicht notwendigerweise ein Grund, an einer transidenten Entwicklung zu zweifeln.

Hinsichtlich der Partnerwahl waren bis Ende der 1990er Jahre fast alle transidenten Personen bemüht, sich als strikt heterosexuell zu beschreiben (ausgehend von ihrem psychisch empfundenen Geschlecht). Mitursache hierfür waren sicher auch ältere Diagnose- und Behandlungsleitlinien, in denen Transidente als durchgehend strikt heterosexuell beschrieben wurden. Dies reflektierte sicherlich auch die Angst der Betroffenen, keine Behandlung zu erhalten, als »versteckt homosexuell« angesehen zu werden. Heute werden das ganze Spektrum von Beziehungsmöglichkeiten umfassende Wünsche und Interessen geschildert: die Mehrzahl beschreibt sich zwar noch als heterosexuell, viele aber auch als homosexuell, bisexuell oder – als modische neue Einstellung – pansexuell, neben biologisch männlichen und weiblichen Partnern sind auch Transpartner*innen vorstellbar; nicht wenige berichten von keinerlei Interesse an sexuellen Beziehungen, sie seien asexuell.

Eine einseitige Exploration geschlechtstypischer bzw. -atypischer Verhaltensweisen sollte vermieden werden, es sollte vielmehr das gesamte psychosoziale Umfeld Beachtung finden. Schwerpunkt der ersten Untersuchungsgespräche sollte auf therapierelevanten Themen liegen wie Leidensdruck, Veränderungswunsch, Beziehungsfähigkeit, Einsichtsfähigkeit, Fähigkeit zu verbaler psychotherapeutischer Arbeit. Ein weiterer Schwerpunkt der ersten Gespräche mit dem Kind/Jugendlichen sind Körpererleben, Beziehungen zu anderen Kindern bzw. Jugendlichen und die soziale Akzeptanz. Geachtet werden sollte auf geschlechtstypische bzw. -atypische Kleidung, Schmuck und Kosmetik, Gestik, Mimik und Sprache. Bei typischen transidenten Verläufen wirken die Betroffenen schon im Erstkontakt überzeugend als gegengeschlechtliche Person, sie wirken hierin sehr authentisch. Wirkt ihr gegengeschlechtliches Verhalten und Auftreten hingegen forciert und aufgesetzt, kann dies darauf hinweisen, dass keine typisch verlaufende transidente Entwicklung vorliegt.

8 Differentialdiagnose

- Störungen der somatosexuellen Entwicklung (disorders of somatosexual development – DSD; ältere, heute nicht mehr verwendete Begriffe: Intersexualität, Hermaphroditismus): Diese Entwicklungsstörungen sind selten, noch seltener mit einer transidenten Entwicklung einhergehend. Gelegentlich anzutreffen sind chromosomale Störungen wie das Klinefelter-Syndrom (46,XXY) oder das Turner-Syndrom (46,XO) sowie Androgenrezeptorstörungen wie das Androgeninsensitivitätssyndrom und bei Frauen das sog. adrenogenitale Syndrom (congenital adrenal hyperplasia CAH, ▶ Kap. 10.1.1).
Indiziert ist bei diesen Patienten eine körperliche, ggf. eine endokrinologische und genetische Untersuchung.
Das Vorliegen einer DSD schließt eine hormonelle und/oder geschlechtsangleichende chirurgische Behandlung nicht aus, falls die Betroffenen ein Abweichen ihres körperlichen Erscheinungsbildes von ihrem Geschlechtserleben als belastend empfinden.
- Vorübergehende Geschlechtsidentitätsunsicherheit im Kindesalter: Bei beiden Geschlechtern treten deutlich häufiger im Vorschulalter als später Wünsche auf, dem anderen Geschlecht anzugehören und geschlechtsatypisches Verhalten, insbesondere cross-dressing (Tragen der Kleidung des Gegengeschlechts). In der Regel verschwinden diese Wünsche und Verhaltensweisen spontan oder nach kürzerer therapeutischer Intervention (▶ Kap. 2.1.3). Sie sind deutlich weniger intensiv ausgeprägt als bei Kindern mit persistierender Geschlechtsdysphorie.
- Geschlechtsidentitätsunsicherheit kurz vor oder während der Pubertät. Die betroffenen Jugendlichen leiden an einer Unsicherheit hinsichtlich ihrer Geschlechtsidentität oder ihrer sexuellen Orientierung (Diagnose F66.0 nach ICD-10: sexuelle Reifungskrise). Die Unsicherheit bildet sich mit zunehmendem Alter spontan oder nach therapeutischer Intervention zurück (▶ Kap. 2.2.7).
- Homosexualität kann von Jugendlichen als unannehmbar empfunden werden, insbesondere bei streng religiösem Hintergrund oder einem konservativen Werteverständnis, das eine homosexuelle (schwule oder lesbische) Orientierung verbietet. Manche homosexuelle Jugendliche sehen im Geschlechtswechsel eine Lösung ihres Problems. Bei diesen Jugendlichen liegt nicht die unbedingte Ablehnung ihrer biologischen Körpermerkmale vor, sexuelle Erfahrungen können positiv erlebt werden.
- Abwehr der aufkeimenden Sexualität durch Ungeschehenmachen der sexuellen Attraktivität im eigenen biologischen Geschlecht: Diagnose F66.8 nach ICD-10: andere psychosexuelle Entwicklungsstörung. Betroffene Jugendliche äußern

beispielsweise nur den Wunsch nach operativer Brustentfernung, geben darüber hinaus keinen Leidensdruck hinsichtlich geschlechtsinkongruenten Empfindens an.
- Psychosen: Schizophrenie und wahnhafte Störungen sind selten bei transidenten Kindern und Jugendlichen anzutreffen. Sie bedürfen psychiatrischer/psychotherapeutischer Behandlung, stellen aber auch grundsätzlich keine Kontraindikation gegen eine geschlechtsangleichende Behandlung dar.
- Fetischismus, Transvestitismus: Diese dem Kreis der Paraphilien zuzuordnenden Bilder sind in der Regel leicht von transidenten Entwicklungen abzugrenzen. Sie treten praktisch nur bei männlichen Jugendlichen nach der Pubertät auf. Das Tragen weiblicher Kleidung oder einzelner weiblicher Kleidungsstücke führt zu einem Gefühl der Beruhigung oder zu sexueller Erregung. Gelegentlich anzutreffen sind Jugendliche mit einem Windelfetischismus oder Vorlieben für Damenschuhe oder -stiefel. Der klassische Transvestit wird heute im Jugendalter kaum noch gesehen. Es liegt in der Regel keine transidente Entwicklung vor. Die Behandlung beschränkt sich meist nur darauf, sekundäre negative Folgen von den Betroffenen abzuwenden, wie Anzeigen nach Diebstählen von fetischistisch verwendeten Kleidungsstücken. Nachfolgend zwei Vignetten:

Ein 13-jähriger Jugendlicher wurde vorgestellt, weil die Eltern bei ihm viele Damenstrumpfhosen fanden, die er in Kleidungsgeschäften gestohlen hatte. Er zog sich diese Strumpfhosen über den Kopf und lief damit durch das Elternhaus. Vor allem die ältere Schwester geriet hierdurch in panische Angst, ihr Bruder leide an einer Perversion oder sei transsexuell. Nach einer kurzen therapeutischen Intervention beging der Jugendliche keine Diebstähle mehr, er trug die Strumpfhosen nur allein in seinem Zimmer, wobei er masturbierte. Nie äußerte er den Wunsch, als Frau leben zu wollen. Fünf Jahre später war das Verlangen nach Damenstrumpfhosen gänzlich verschwunden.

Ein 15-jähriger Jugendlicher wurde vorgestellt, weil die Eltern auf dem Dachboden sehr viele Damenreitstiefel gefunden hatten. Dies erklärte das wiederholte Verschwinden von auf umliegenden Reiterhöfen abgestellten Damenreitstiefeln. Der Jugendliche wurde ein Jahr lang verhaltenstherapeutisch behandelt. Er stahl keine Stiefel mehr, das Berühren und Streicheln der Stiefel war aber weiterhin hoch sexuell erregend. Auch er äußerte nie den Wunsch, als Frau leben zu wollen. Sein fetischistisches Interesse erfüllte sich schließlich darin, dass er eine Partnerin fand, die beim Sexualverkehr gerne Damenreitstiefel trug.

Fragen zur Überprüfung der Lernziele

1. Stellen Störungen der somatosexuellen Entwicklung eine Kontraindikation für eine geschlechtsangleichende Behandlung dar?

9 Psychopathologische Auffälligkeiten bei transidenten Kindern und Jugendlichen

Transidente Kinder und Jugendliche sind deutlich häufiger psychopathologisch auffällig als Cisidente. Von in der Frankfurter Transidentitätssprechstunde von 1987 bis 2013 vorgestellten 268 Kindern und Jugendlichen, die die diagnostischen Kriterien einer Geschlechtsidentitätsstörung (nach DSM-IV) erfüllten, wurden 41 % der 120 geburtsgeschlechtlich männlichen und 44 % der 148 geburtsgeschlechtlich weiblichen Patienten als erheblich psychopathologisch auffällig eingeschätzt. Die Mehrzahl litt an mittelgradigen bis schweren Depressionen, zeigte selbstverletzendes Verhalten und Suizidgedanken. Andererseits waren 59 % resp. 56 % neben ihrer Geschlechtsdysphorie psychopathologisch gänzlich unauffällig oder zeigten weniger erhebliche Auffälligkeiten wie Aufmerksamkeitsstörungen und kognitive Schwächen, die nicht im Zusammenhang mit der Identitätsproblematik standen (Meyenburg, 2014).

Eine europäische Multicenter-Studie von 951 zwischen 2009 und 2013 untersuchten 12- bis 18-jährigen Jugendlichen, deren Psychopathologie mithilfe des CBCL Total Problem Scores eingeschätzt wurde, kam zu folgenden Ergebnissen: von den in Gent untersuchten 71 transidenten Jugendlichen fanden sich in 54 % erhebliche Auffälligkeiten, in der Londoner Tavistock-Klinik waren es 52 % von 610, in Amsterdam von 252 39 %, in Zürich von 26 nur 38 %. Transjungen waren in allen vier Zentren deutlich auffälliger, in Gent und London lag der Anteil bei ihnen fast doppelt so hoch wie bei den Transmädchen (de Graaf et al., 2017).

Von 2 168 in Florida 2016 befragten 11- bis 17-jährigen High School-Schüler*innen, die sich selbst als transgender and gender non-comforming bezeichneten, berichteten 54,8 % über selbstverletzendes Verhalten (jemals), 58 % wurden als depressiv diagnostiziert (Taliaferro et al., 2018). Perez-Brumer et al. (2017) fanden in einer repräsentativen Stichprobe von 7 653 kalifornischen sich selbst als transgender bezeichnenden High School-Schüler*innen bei 33,7 % vs. 18,9 % in der Cisgender-Stichprobe Suizidgedanken im Laufe des Vorjahres. Fragebögen wurden 2013-2015 verschickt. Kritisch anzumerken ist zu den zwei letztgenannten Studien, dass es sich um als sich selbst als transgender einschätzende Jugendliche handelte, wobei jedoch anzunehmen ist, dass auch bei Jugendlichen, die klinische diagnostische Kriterien für eine Geschlechtsdysphorie oder Geschlechtsinkongruenz nicht erfüllten, ein hoher Leidensdruck besteht. Zudem zeigen auch Untersuchungen neueren Datums von klinischen Inanspruchnahmepopulationen aus Deutschland (Becker et al., 2014), Kanada (Aitken et al., 2016, Veale et al., 2017; Bechard et al., 2017), den USA (Chen et al., 2017; Nahata et al., 2017; Olson et al., 2015; Peterson et al., 2016), Großbritannien (Holt et al., 2016; Skagerberg et al., 2013), Italien (Fisher et al., 2017) und Finnland (Kaltiala-Heino et al., 2015) ähnlich hohe Raten von selbstverletzendem Verhalten, von Suizidgedanken (über 51 % der Hamburger Patienten von Becker et al.) und Suizidversuchen (30 % bei Olson et al. in Los Angeles und ebenso hoch bei Peterson et al. in Cincinatti). Connolly et al. (2016) geben einen guten Überblick über Studien zur Erfassung weiterer psychopathologischer Auffälligkeiten bei transidenten Kindern und Jugendlichen.

In neueren Studien wird wiederholt von einer deutlich erhöhten Koinzidenz von Autismus-Spektrum-Störungen (ASS) und transidenten Wünschen berichtet. So berichten van der Miesen et al. (2018a) über die Prävalenz des Wunsches, dem Gegengeschlecht anzugehören bei Autismus-Spektrum-Störungen. Sie erfassten hierzu Item 110 («*I wish to be of the opposite gender*») in den Achenbach-Fragebögen Youth und Adult Self Report von 573 niederländischen Jugendlichen und 807 Erwachsenen mit ASS und von 1 016 Jugendlichen und 846 Erwachsenen als Kontrollgruppe. Insgesamt 6,5 % (n=37) der ASS-Jugendlichen und 11,4 % (n=92) der ASS-Erwachsenen gaben den Wunsch an, dem Gegengeschlecht anzugehören, signifikant mehr als in der Kontrollgruppe (3,1 % der Jugendlichen, 5 % der Erwachsenen). In den ASS-Gruppen beantworteten deutlich mehr geburtsgeschlechtlich weibliche Probandinnen als männliche Item 110 positiv, 11,5 % vs. 5,3 %, bei den Erwachsenen 15,8 % vs. 10,0 %.

Einschränkend wird von den Autor*innen dieser Studie hervorgehoben, dass nur ein kleiner Teil das YSR/ASR-Item 110 als oftmals zutreffend angab. Erfasst wurden aber sowohl Jugendliche und Erwachsene, die es als manchmal oder oftmals zutreffend einschätzten. Von den 37 Jugendlichen gaben es nur 6 als oftmals zutreffend an, 31 als manchmal zutreffend, von den 92 Erwachsenen waren es 17 (oftmals zutreffend) resp. 31 (manchmal zutreffend). Die positive Antwort auf Item 110 ist somit keinesfalls mit der Diagnose Geschlechtsdysphorie gleichzusetzen. Weiter wird von den Autor*innen selbst kritisch angemerkt, dass als Kontrollgruppen Standardisierungsstichproben für den YSR und ASR älteren Datums verwendet wurden; für die niederländische YSR-Version eine Stichprobe von Verhulst et al. (1997), für den ASR eine U.S.-Stichprobe von Achenbach und Rescorla (2003). Hier ist zu bedenken, dass im letzten Jahrzehnt die Bereitschaft deutlich gestiegen ist, über transidentes Empfinden zu berichten. Dieses spiegelt sich insbesondere in der auch hier deutlich höheren Zahl biologisch weiblicher Personen wider, die auch in den Prävalenzstudien gefunden wurde (▶ Kap. 4).

Es liegen jedoch sehr viele Berichte (vgl. bei van der Miesen et al., 2018a) über ein überproportional hohes Vorkommen von Autismus-Spektrum-Störungen (ASS) bei transidenten Personen vor, auch in der Frankfurter Transidentitätssprechstunde wird dieses beobachtet (▶ Kap. 2.2.5, »Jennifer«). Die Ursachen sind bislang unklar. Eine Hypothese ist, dass erhöhte fetale Testosteronwerte aufgrund einer Maskulinisierung sich entwickelnder Hirnstrukturen sowohl zu reduzierter Empathie- und sozialer Kontaktfähigkeit als auch zu erhöhtem Auftreten transidenter Entwicklungen führen können (▶ Kap. 10.1.1). Die deutlich höheren Zahlen bei biologisch weiblichen Personen in der zitierten niederländischen Studie könnten als Bestätigung hierfür angesehen werden. Transidente Entwicklungen bei geburtsgeschlechtlichen Jungen mit ASS bleiben jedoch durch diese Hypothese unerklärt.

Eine weitere hypothetische Erklärung für die erhöhte Koinzidenz von ASS und Transidentität ist die, dass ASS-Kinder oftmals besonders intensive Interessen für gegengeschlechtliche Aktivitäten entwickeln. Im Gegensatz zu sich gesund entwickelnden Kindern, die mit zunehmendem Alter mehr Flexibilität hinsichtlich stereotyp geschlechtsspezifischen Verhaltens entwickeln, bleiben Kinder mit ASS aufgrund ihrer rigiden Denkstruktur und ihrer Veränderungsängste mehr an geschlechtsatypischem Verhalten und Interessen verhaftet. Stereotypien und Veränderungsängste sollten dann allerdings bei ASS-Patienten mit transidenten Wünschen besonders stark ausgeprägt sein, dieses konnte allerdings nicht gefunden werden (Strang et al., 2018).

Fragen zur Überprüfung der Lernziele

1. Wie häufig sind psychopathologische Auffälligkeiten bei transidenten Kindern und Jugendlichen?
2. Welches sind typische psychopathologische Auffälligkeiten bei transidenten Kindern und Jugendlichen?
3. Liegen bei transidenten Kindern und Jugendlichen häufiger Autismus-Spektrum-Störungen vor?

10 Ätiologie

Bis heute können keine sicheren evidenzbasierten Aussagen über die Ursachen transidenten Geschlechtsempfindens gemacht werden. Es liegen jedoch einige Befunde vor, die auf ein Zusammenwirken von biologischen und psychosozialen Faktoren hinweisen.

10.1 Biologische Faktoren

Hinweise auf eine entscheidende Rolle biologischer Ursachen ergeben sich schon aus den Verlaufsbildern transidenter Entwicklungen. Bei sehr typischen Verläufen berichten Eltern über seit frühester Kindheit beobachtbare gegengeschlechtliche Interessen und Verhaltensweisen. Transjungen wollen von Anfang an oder zumindest seit dem Alter, ab dem sie ihren eigenen Willen artikulieren, meist ab dem Kindergartenalter, niemals Mädchenkleider tragen, Mädchenspielsachen werden abgelehnt, Jungenspielsachen gewünscht. Ein Transmädchen aus der Frankfurter Transidentitätssprechstunde lief, sobald sie aufrecht stehen konnte, unablässig in den hochhackigen Schuhen der Mutter herum. Hierfür psychologische Ursachen anzunehmen erscheint in hohem Maße unwahrscheinlich.

10.1.1 Pränatale Hormoneinwirkungen

Es gibt Hinweise auf abweichende pränatale Hormoneinwirkungen und daraus resultierende hirnorganische Veränderungen. Der Einfluss pränataler Hormone auf die Hirndifferenzierung und die psychosexuelle Entwicklung steht seit längerer Zeit im Zentrum der Forschung. Ausgangspunkt waren Untersuchungen von Phoenix et al. (1959) an Meerschweinchen. Trächtigen Meerschweinchen wurde Testosteron verabreicht. Bei weiblichen Abkömmlingen führte dieses zu einer Maskulinisierung der externen Genitalien, so dass diese nahezu ununterscheidbar von denen männlicher Abkömmlinge waren. Nach Geburt wurden die Gonaden der Tiere entfernt. Kontrollen waren unbehandelte Tiere, denen ebenfalls die Gonaden entfernt worden waren. Den erwachsenen Meerschweinchen wurden dann verschieden Dosen von Östradiol injiziert, um so weibliches Sexualverhalten mit typischer Lendenlordose auszulösen. Im Vergleich zu den weiblichen

Kontrolltieren zeigten die pseudohermaphroditischen (nach damaliger Nomenklatur) weiblichen Tiere ein eher männliches Sexualverhalten, d. h. Bespringen weiblicher Tiere. Dieses Verhalten blieb mit zunehmenden Alter der Tiere konstant erhalten. Phoenix et al. schlossen daraus, dass pränatale Sexualhormongaben zu permanenten Veränderungen zentralnervöser Strukturen führen, die das Sexualverhalten steuern.

Beim Menschen liegt ein »natürliches Experiment« bei frühen endokrinen Störungen vor, die schon pränatal zu Veränderungen zentralnervöser Strukturen führen. Eingehender untersucht wurden Töchter von Frauen mit einem adrenogenitalen Syndrom (congenital adrenal hyperplasia, CAH), bei dem vermehrt Androgene gebildet werden. Töchter von Frauen mit CAH zeigen in der Kindheit häufiger sogenanntes Tomboy-Verhalten, d. h. Bevorzugung jungentypischer Rauf- und Tobespiele, sie bevorzugen als Spielkameraden Jungen, zeigen gleichzeitig weniger Interesse an typischen Mädchenspielen (vgl. insbes. Dittmann et al., 1990 a, b). Neuere Untersuchungen von 46,XX Individuen (chromosomale Frauen) mit CAH zeigen bei 5,2-11,6 % das Vorliegen einer Geschlechtsdysphorie, atypischer Geschlechtsidentität oder Transidentität, somit eine deutlich höhere Rate geschlechtsatypischer Entwicklungen im Vergleich zu Prävalenzraten transidenter Entwicklungen in der Gesamtbevölkerung. Dieses weist daraufhin, dass pränatale oder postnatale Androgene die Entwicklung der Geschlechtsidentität beeinflussen (Überblick bei Rosenthal, 2014).

Hierauf weisen auch Untersuchungen von Patienten mit Störungen der somatosexuellen Entwicklung hin (disorders of somatosexual development, DSD, früher als Intersexualität bezeichnet). Cohen-Kettenis (2005) gibt eine Übersicht von Studien an 45,XY Individuen (chromosomale Männer) mit Enzymdefekten (5-α-Reduktase- und 17β-Hydroxysteroid Dehydrogenase-3-Defizienz). Diese chromosomal männlichen Kinder erscheinen bei Geburt aufgrund mangelnder Androgenwirkung weiblich wirkend, wurden in der Mehrzahl als Mädchen erzogen. Typischerweise nach der Pubertät berichten etwa 50 % dieser Individuen von einem Wechsel ihrer Geschlechtsidentität, sie berichten, sich männlich zu fühlen, bei den anderen 50 % persistiert jedoch die weibliche Geschlechtsidentität.

Ähnlich fand sich auch bei Mädchen, deren Mütter in der Schwangerschaft mit Diäthylstilböstrol (DES) behandelt wurden (prä- oder perinatale Gabe von DES führt zu einer Maskulinisierung des Verhaltens bei Tieren, vgl. Meyer-Bahlburg und Ehrhardt, 1986), ein eher maskuliner Typ kognitiver Leistungen im Kindesalter. Dies sind beispielsweise bessere Leistungen von männlichen Probanden bei mentalen Rotationstests und bei zielgerichteten motorischen Fertigkeiten, von weiblichen Probandinnen im Zahlen-Symbol-Test, einem Untertest des Wechsler-Intelligenztests (Überblick bei Hausmann, 2018). Bei erwachsenen Frauen wurde eine höhere Rate bi- und homosexueller Fantasien und Aktivitäten beschrieben (Meyer-Bahlburg et al., 1995).

Ein Mangel an pränatalen Androgenen scheint hingegen zu einer Feminisierung bzw. Demaskulinisierung bestimmter Verhaltensmuster bei chromosomal männlichen Individuen zu führen: Untersuchungen von Patienten mit komplettem Androgenresistenzsyndrom (AIS) zeigten, dass deren sexuelle Orientierung sowie Geschlechtsidentität der heterosexueller Frauen entspricht (Money, 1991).

Ein dem Autor vorgestelltes 15-jährigen Mädchen, bei dem aufgrund ausbleibender pubertärer Entwicklung ein AIS festgestellt worden war, identifizierte sich eindeutig weiblich, hatte nie männliche Interessen oder Verhaltensweisen gezeigt.

Foreman et al. (2018) untersuchten in Melbourne/Australien und in Los Angeles eine große Zahl von Transfrauen genetisch. Es handelt sich um 380 erwachsene Transfrauen und 344 Männer als Kontrollpersonen. Sie fanden bei Transfrauen ein signifikant erhöhtes Ausmaß genetischer Polymorphismen, die zu einer reduzierten Expression männlicher Sexualhormonwirkung führten und hierdurch bedingt zu einer atypischen sexuellen Differenzierung der Hirnentwicklung bei in der Folge an Geschlechtsdysphorie leidenden geburtsgeschlechtlichen Männern.

Diese Studienergebnisse belegen, dass die Wirkung pränataler und postnataler Androgene einen Einfluss auf die Entwicklung der Geschlechtsidentität ausübt, diese jedoch nicht gänzlich erklärt.

Untersucht wurden auch genetische Faktoren bei transidenten Entwicklungen mithilfe von Zwillingsstudien. Heylens et al. (2012) fanden in einer Reviewstudie eine Konkordanz der Transidentität von 39 % bei 23 monozygoten weiblichen und männlichen Zwillingspaaren, bei 28 dizygoten Zwillingspaaren fand sich keine Konkordanz. Milton Diamond (2013) berichtet über 112 monozygote Zwillingspaare (43 Paare nach Literaturrecherchen, weitere 69 von ihm untersuchte Paare). Eine Konkordanz für Transsexualität (nach damaliger Nomenklatur) lag bei 33 % der männlichen und 23 % der weiblichen Zwillingspaare vor. Diese Ergebnisse weisen auf eine genetische Mitverursachung hin, sind jedoch keine ausreichende Erklärung für eine transidente Entwicklung, da sich die Mehrzahl der monozygoten Zwillinge diskordant entwickelt.

10.1.2 Strukturelle und funktionelle Hirnveränderungen

Wenn die Annahme zutrifft, dass abweichende prä- und postnatale hormonelle Wirkungen als eine Mitursache transidenter Entwicklungen anzusehen sind, sollten strukturelle und funktionale zerebrale Veränderungen vorliegen. Erst in neuerer Zeit konnten in mehreren Studien unterschiedliche Hirnstrukturen bei Männern und Frauen nachgewiesen werden. Bei Männern fand sich ein größeres Hirnvolumen, bei Frauen eine stärkere Hirnrinde. Männer zeigten größere Amygdalae mit mehr Androgen- als Östrogenrezeptoren, Frauen größere Hippocampusanteile mit mehr Östrogen- als Androgenrezeptoren. Schon 8- bis 13-jährige Jungen und Mädchen haben eine unterschiedliche strukturelle Konnektivität ihrer Hirnstrukturen; bei erwachsenen Männern findet sich eine stärker ausgeprägte intrahemisphärische Konnektivität, bei Frauen eine stärker ausgeprägte interhemisphärische Konnektivität.

Hirnuntersuchungen von Transidenten zeigten eine Demaskulinisierung der Mikrostruktur des weißen Hirngewebes bei androphilen Transfrauen und eine Maskulinisierung bei gynephilen Transmännern. Besonders häufig beschrieben werden der interstitielle Nucleus im anterioren Hypothalamus 3 (INAH 3) und der zentrale bed nucleus der Stria terminalis (BSTc), der bei Männern größer als bei Frauen ausgebildet ist. Es gibt Hinweise darauf, dass dieser BSTc bei Mann-zu-Frau Transidenten geringer ausgeprägt ist. Frühere Kritiken, dass oftmals HIV-Infizierte oder lange Zeit mit Östrogenen behandelte Transidente post mortem untersucht wurden, konnten widerlegt werden, die Fallzahlen dieser Studien sind jedoch sehr klein. Bekannt ist zudem, dass die geschlechtsdimorphe Differenzierung des BSTc beim Menschen erst nach der Pubertät erfolgt. Da viele Transidente gerade kurz vor und zu Beginn der Pubertät unter besonders starker Geschlechtsdysphorie leiden, bleibt der Zusammenhang zwischen BTSc-Größe und Geschlechtsidentitätsentwicklung jedoch unklar (Rosenthal, 2014).

Insgesamt gibt es noch keine Klarheit darüber, ob die bei Transidenten gefundenen strukturellen Hirnveränderungen allein auf abweichende pränatale Hormonwirkungen zurückzuführen sind (Überblick bei Kreukels und Guillamon, 2016).

10.2 Psychologische Ursachen

Alle bis heute diskutierten psychologische Ursachen wurden bereits vor mehreren Jahrzehnten formuliert, meist von Seiten der Psychoanalyse, die allerdings hier auch von Prägungsvorgängen ausgeht. In neuerer Zeit sind keine weiteren Hypothesen entwickelt worden. Ein Grund hierfür ist wohl, dass bei durchgehend seit der frühen Kindheit bestehendem transidenten Empfinden heute allgemein angenommen wird, dass biologische Faktoren als Ursache anzusehen sind. Bei transidenten Entwicklungen, die nach zuvor unauffälligen geschlechtstypischem Verlauf auftreten, ist jedoch mit hoher Wahrscheinlichkeit anzunehmen, dass hier psychische Ursachen vorliegen, insbesondere Traumatisierungen.

Es sind vier Forschungsrichtungen hervorzuheben, die im Folgenden kurz vorgestellt werden.

10.2.1 Konfliktfreies Prägungsmodell (Robert Stoller)

Robert Stoller (1968, 1975, 1985), obwohl selbst klassischer Psychoanalytiker, entwickelte ein konfliktfreies Prägungsmodell. »Extreme Femininität« werde nach Stoller bei den von ihm beschriebenen Jungen (die er nicht selbst untersuchte) durch nichttraumatische Kräfte geprägt. Ein seltenes Zusammentreffen verschiedener Faktoren führe zu einer solchen Entwicklung: Eine bisexuelle Mutter, ein körperlich oder emotional abwesender Vater, eine besondere Schönheit des Kindes, die zu einer extrem engen Mutter-Kind-Beziehung (»blissful symbiosis«) führe. Die Identifizierung dieser Jungen mit ihren Müttern wird von Stoller als Prägungsprozess verstanden. Ralph Greenson, ebenfalls Psychoanalytiker, der einen dieser von Stoller beschriebenen Jungen behandelte (1966), sah die Disidentifizierung des Jungen von der Mutter als den entscheidenden Schritt in der Therapie an. Ein anfangs extrem femininer Junge identifizierte sich zunehmend mehr mit seinem Therapeuten, wünschte sich am Ende von ihm einen Matrosenanzug, den er mit großem Stolz trug.

Wenn überhaupt, trifft eine solche Konstellation nur auf eine kleinere Untergruppe von Kindern zu. Neuere Forschungsergebnisse stehen in deutlichem Widerspruch zu dieser konfliktfreien Prägungshypothese. Bei transidenten Kindern finden sich häufig traumatische Früherfahrungen und erhebliche psychopathologische Auffälligkeiten. Zudem fallen bei weitem nicht alle diese Jungen durch körperlich sehr ansprechendes Aussehen auf.

10.2.2 Lerntheorie (Richard Green)

Richard Green, verhaltenstherapeutisch orientierter Forscher, vertritt eine reine Lerntheorie (1987). Er schreibt den Müttern eine aktive Rolle bei der Ausbildung femininer Interessen ihrer Söhne zu. Nach Green wünschen sich die Mütter dieser Söhne intensiv eine Tochter und verstärken selektiv alle femininen Verhaltensweisen und Interessen ihres Kindes. Greens Daten sind jedoch bereits in sich widersprüchlich. So fand er bei den von ihm untersuchten Kindern, dass deren Mütter weniger Zeit mit ihnen verbrachten als die Mütter »maskuliner« Jungen, ein Befund, der auch Stollers »blissful symbiosis« -Theorie bezweifeln lässt.

10.2.3 Frühkindliche Traumata

Andere Autoren heben die Rolle schwerer frühkindlicher Traumata bei transidenten Entwicklungen hervor, dieses sowohl bei Jungen als auch bei Mädchen. Bloch (1975/1976) beschreibt vier 4- bis 6-jährige Jungen und Mädchen, die unablässig Fantasien einer Geschlechtsumwandlung ausagierten. Alle vier Kinder waren Zeugen massiver Gewalt, die von einem Elternteil oder einem älteren Bruder ausging. Bei drei Kindern setzte die transidente Entwicklung mit der Geburt eines Geschwisters ein. Bloch kommt zu dem Schluss, dass die Übernahme einer neuen Identität bei diesen Kindern Ängste vor Vernichtung und Tötung abwehrte. Auch Coates (1990) hebt in einer größeren Studie transidenter Jungen die Rolle von traumatischen Früherfahrungen hervor. Trennungs- und Vernichtungsängste werden bei Jungen durch eine Identifizierung mit der Mutter abgewehrt. Coates berichtet über eine Korrelation von Trennungsängsten und transidenten Entwicklungen, die jedoch in anderen Studien nicht bestätigt werden konnte (Zucker und Bradley, 1995) oder aber als Folge und nicht als Ursache der transidenten Entwicklung angesehen wurde (Wallien et al., 2008).

Nur zwei der von Bloch beschriebenen Kinder sind Mädchen, schwerpunktmäßig wurden bislang immer Jungen untersucht, obwohl heute in Gender-Kliniken deutlich mehr Mädchen zur Vorstellung kommen. Bradley hat eingehender transidente Entwicklungen bei Mädchen untersucht (1985, 1990). Sie berichtet über neun 5- bis 24-jährige Mädchen bzw. Frauen, die einen Geschlechtswechsel wünschten. Die Entstehung ihres Wunsches führt Bradley darauf zurück, dass diese Mädchen sich selbst und ihre Mütter vor gewalttätigen Vätern schützen und dazu männliche Stärke gewinnen mussten.

Auch bei einigen in Frankfurt untersuchten biologisch weiblichen Patienten fanden sich traumatische Früherfahrungen, die zu einer transidenten Entwicklung führten.

Die sich zuvor unauffällig geschlechtstypisch entwickelnde Stefanie wurde von ihrem Vater ab dem siebten Lebensjahr zum Sexualverkehr gezwungen. In der Folge äußerte sie den Wunsch, als Junge leben zu wollen, trat betont männlich gekleidet und sich betont männlich verhaltend auf. Dieser Wunsch bestand auch nach mehrjähriger Therapie weiter, so dass ihr schließlich die Möglichkeit einer geschlechtsangleichenden (zunächst hormonellen) Behandlung angeboten wurde. Sie nahm jedoch dieses Angebot nicht an und lebte 20 Jahre später weiter als recht maskulin auftretende Frau in einer Beziehung zu einer Frau.

Bei einer weiteren 17-jährigen jungen Frau trat der Wunsch als Mann zu leben nach einer Vergewaltigung durch mehrere männliche Jugendliche im Alter von 13 Jahren auf. Sexualität spielte in ihrem Leben eine sehr große Rolle, voller Stolz berichtete sie in jeder Therapiestunde von neuen Eroberungen weiblicher Partnerinnen. Nach zweijähriger Therapiedauer verfolgte sie den Wunsch nach geschlechtsangleichender Behandlung nicht weiter und ging eine Partnerschaft mit einer älteren Frau ein.

Diese Beispiele illustrieren, dass bei zuvor geschlechtstypischer Entwicklung Vorsicht angesagt ist, nicht vorschnell eine geschlechtsangleichende Behandlung zu empfehlen. Auch lassen diese Fälle die Schlussfolgerung zu, dass psychologische Faktoren allein offenbar nicht ausreichen, um die Entstehung transidenter Entwicklungen zu erklären. Es erscheint als sehr wahrscheinlich, dass biologische Faktoren eine bedeutsame Rolle spielen. Zudem sind längst nicht bei allen Patient*innen traumatische Früherfahrungen vorhanden. Viele der Frankfurter Patient*innen wuchsen mit sehr fürsorglichen Eltern auf, zu denen sie eine sehr positive Beziehung hatten; sie zeigten zudem neben ihrer Geschlechtsdysphorie keine Anzeichen psychopathologischer Störungen.

10.2.4 Frühe Störung der Mutter-Kind-Beziehung

Ausführliche Berichte über die psychotherapeutische Behandlung transidenter Jungen, auch diese älteren Datums (Sperling, 1964; Francis, 1965; Loeb & Shane, 1982; Pruett & Dahl, 1982; Herman; 1983; Bleiberg et al., 1986; Silverman, 1990; Haber, 1991; Loeb, 1992; McDevitt, 1995; Meyenburg, 1999) weisen im Gegensatz zu den Trauma-Hypothesen darauf hin, dass nicht ein reales Trauma vorliegt, sondern ein von vielen dieser Jungen als unerträglich empfundenes Gefühl des Verlustes der Liebe und Zuwendung der Mutter. Daraus entsteht ein Drang, die Liebe der Mutter wiederzugewinnen und sie entwickeln den Wunsch, dem anderen Geschlecht anzugehören. In allen zitierten Arbeiten führte die Psychotherapie zu einem Verschwinden des Wunsches nach Geschlechtswechsel.

Auch in diesen Fällen ist es wahrscheinlich, dass biologische Faktoren nicht vorhanden waren, die zu einem Persistieren der Transidentität geführt hätten, wie wir es heute bei der Mehrzahl transidenter Kinder beobachten, die durchgehend seit dem frühesten Kindesalter den Wunsch oder die feste innere Überzeugung äußern, nur als Person des Gegengeschlechts leben zu können.

11 Fallkonzeptualisierung

Wie bereits in der Einführung erwähnt sind transidente Entwicklungen per se nicht als psychische Erkrankung anzusehen, sondern als eine Variante des Geschlechtserlebens. Diese kann allerdings für die Betroffenen in hohem Maße belastend sein, wir sprechen dann von einer Geschlechtsdysphorie. Transidente Kinder und Jugendliche sind in deutlich höherem Ausmaß psychopathologisch auffälliger als Cisidente. Wie ausgeführt (▶ Kap. 9), leiden sie häufig an depressiven Verstimmungen, suchen eine zeitweise Linderung ihres Leidensdrucks durch selbstverletzendes Verhalten; es treten Suizidgedanken auf, häufig beschrieben werden Suizidversuche. Viele ziehen sich aus ihrem sozialen Umfeld zurück, sind nicht in der Lage, die Schule zu besuchen oder eine Ausbildung fortzuführen.

Wesentlich trägt zum Ausmaß der psychischen Auffälligkeiten bei, ob transidente Kinder und Jugendliche sich verstanden und angenommen fühlen. Gerade bei stark um soziale Anpassung bemühten Betroffenen kann schon die Befürchtung einer sozialen Ausgrenzung und Ablehnung zu erheblichen psychischen Auffälligkeiten führen.

11.1 Sozialer Rollenwechsel/Alltagserprobung

Eine gute Fallkonzeptualisierung ist daher von großer Wichtigkeit. Nach der Erstuntersuchung sollte das soziale Umfeld – Familie, Kindergarten, Schule, Ausbildungsstätte – ausreichend aufgeklärt werden, dass keine Erkrankung vorliegt und die Betroffenen ein Anrecht auf Hilfe haben. Auch Nichtstun würde sich schädigend auswirken. Sofern der Wunsch nach sozialem Rollenwechsel geäußert wird, sollten transidente Kinder und Jugendliche darin unterstützt werden, zumal ein sozialer Rollenwechsel auch vor geschlechtsangleichenden Behandlungen empfohlen wird. Als sehr hilfreich hat es sich erwiesen, für Schulen Atteste (Musterbeispiel siehe Anhang) auszustellen, dass eine transidente Entwicklung vorliegt und die Alltagserprobung empfohlen wird. Verwendet werden können diese Atteste auch für das Ausstellen von sog. Übergangsausweisen, die bei der Selbsthilfegruppe dgti (Deutsche Gesellschaft für Transidentität und Intersexualität, ▶ Kap. 19) beantragt werden können. Zwar sind dies keine legalen Dokumente, sie sind jedoch sehr hilfreich, z. B. bei Behördengängen, an Bankschaltern, in Arztpraxen, wenn Betroffene hier auf die Diskrepanz von amtlichem Namen und gegensätzlichem Erscheinungsbild hingewiesen werden und so gezwungen sind, vor einer möglicherweise langen Warteschlange fremder Personen ihre Transidentität offenlegen zu müssen.

Nicht alle transidenten Kinder und Jugendliche sehen sich jedoch in der Lage, den sozialen Rollenwechsel zu vollziehen, insbesondere dann, wenn die pubertäre Entwicklung schon weit vorangeschritten ist und befürchtet wird, in auffälliger Weise »trans« zu erscheinen. Gelegentlich sehen wir dies bei Autismus-Spektrum-Störungen, bei denen es Betroffenen sehr schwerfällt, in einer Übergangssituation zu leben. Sie fordern oftmals als ersten Schritt eine komplette medizinische Geschlechtsangleichung, erst danach könne der soziale Rollenwechsel vollzogen werden. Hier ist ein sensibles Vorgehen gefordert. Es kann beispielsweise eine tagesklinische Behandlung empfohlen werden, während der den transidenten (meist) Jugendlichen der Rollenwechsel oft leichter fällt (▶ Kap. 2.2.5). Sind transidente Jugendliche ausreichend lange psychotherapeutisch begleitet worden und besteht Sicherheit, dass die transidente Entwicklung stabil verläuft, kann auch ohne vorherigen Rollenwechsel eine gegengeschlechtliche Hormontherapie empfohlen werden. Auch in der AWMF-Leitlinie für erwachsene Transidente wird die Alltagserfahrung nicht mehr als notwendige Voraussetzung für eine Hormontherapie gefordert.

11.2 Planung der psychotherapeutischen Begleitung/Behandlung

Da viele transidente Kinder und Jugendliche psychisch unauffällig sind und zudem auch nach neueren Empfehlungen Transidentität nicht mehr als psychische Störung anzusehen ist, besteht auch keine Indikation für eine regelhafte psychotherapeutische Behandlung. Empfohlen wird daher bei psychisch unauffälligen Transidenten eine »psychotherapeutische Begleitung«. Die transidenten Kinder und Jugendlichen sollten in erster Linie Hilfe bei den Transitionsschritten und beim Umgang in der Familie und Öffentlichkeit mit ihrer Transidentität erhalten. Es besteht keine Notwendigkeit, Vorgaben zur Therapiefrequenz zu machen. Manche Transidente kommen wöchentlich, andere alle drei Monate.

Nach der Eingangsdiagnostik sollte Hilfe bei der Suche nach einer/einem geeigneten Therapeut*in angeboten werden, da in spezialisierten Behandlungszentren Kapazitäten oft nicht ausreichend sind, um alle zahlenmäßig stark zunehmenden transidenten Behandlungssuchenden anzunehmen, diese auch oftmals in größerer räumlicher Entfernung leben. Geeignete Behandler*innen können auch von den in vielen Städten existierenden Selbsthilfegruppen empfohlen werden (▶ Kap. 19). Regelhaft gefordert wurde in der Vergangenheit das Hinzuziehen eines/einer »Gender-Spezialisten/-in« vor Beginn einer gegengeschlechtlichen

Hormontherapie. Empfohlen werden kann dies heute nur noch bei zweifelhafter Diagnose oder sehr atypischem Verlauf, auch bei einem deutlichen Unterschreiten der empfohlenen Altersgrenze von 16 Jahren. Bei typisch verlaufenden transidenten Entwicklungen ist es ausreichend, wenn mit der Thematik vertraute Behandler*innen die Indikation stellen.

11.3 Planung geschlechtsangleichender Behandlung

Schon im Erstgespräch wird oftmals um eine möglichst umgehende gegengeschlechtliche Hormontherapie gebeten. Es sollte gemäß AWMF- und internationalen Leitlinien vorgegangen werden, eine gegengeschlechtliche Hormontherapie erst nach ausreichend langer (in der Regel einjähriger) Beobachtungsdauer und (nach Möglichkeit) erfolgter Alltagserprobung empfohlen werden, auch sollte das Mindestalter von 16 Jahren nur bei sehr eindeutigen transidenten Entwicklungen unterschritten werden (▶ Kap. 14).

Anders sieht es bei der ebenfalls oft gewünschten pubertätshemmenden Behandlung aus. Besteht Leidensdruck aufgrund bereits eingetretener pubertärer Veränderungen und Sicherheit, dass eine transidente Entwicklung vorliegt, ist es unethisch, den Betroffenen diese Behandlung zu verweigern. Zudem ist es eine reversible Behandlung, die pubertäre Entwicklung schreitet nach Absetzen der pubertätshemmenden Behandlung wieder voran. Es kann je nach Alter und Entwicklungsstand eine pubertätshemmende Behandlung mit GnRH-Analoga oder aber bei fortgeschrittener pubertärer Entwicklung eine Behandlung mit Antiandrogenen bzw. zur Menstruationshemmung mit Gestagen empfohlen werden (▶ Kap. 14). Durchgeführt wird diese Behandlung von pädiatrischen Endokrinolog*innen, bei älteren Jugendlichen auch von Erwachsenenendokrinolog*innen. Von den endokrinologischen Fachgesellschaften entwickelt wurden bereits Leitlinien für die hormonelle Behandlung transidenter Patient*innen, so dass auch außerhalb der Großstädte Behandler gefunden werden können (vgl. Hembree et al., 2017; Meyenburg & Wüsthof, 2020).

12 Psychotherapie

Die große Mehrzahl transidenter Kinder und Jugendlicher wird von ihren Eltern vorgestellt. Gelegentlich stellen sich ältere transidente Jugendliche auch auf Eigeninitiative oder auf Anraten Dritter (Beratungsstellen, Psychotherapeut*innen, Schulpsycholog*innen) vor. Ratsam ist es, das Erstgespräch in Gegenwart der Eltern zu führen, den Kindern und Jugendlichen jedoch vorab mitzuteilen, dass dieses gemeinsame Gespräch zum Erheben der Vorgeschichte dient, weitere Gespräche mit ihnen allein geführt werden. Vorabgespräche mit den Eltern in Abwesenheit des betroffenen Kindes wirken sich meist ungünstig aus, denn es wird so bei transidenten Kindern und Jugendlichen die oftmals vorhandene Befürchtung verstärkt, dass ihr transidentes Geschlechtsempfinden nicht erst genommen wird. Für sehr junge Kinder ist jedoch ein längeres Anamnesegespräch recht belastend (▶ Kap. 2.1.4, »Noah«). Hier ist es ratsam, zunächst nur mit den Eltern oder Bezugspersonen zu sprechen, das Kind sollte aber zuvor über den Ablauf informiert werden.

Geachtet werden sollte auf das Erscheinungsbild der transidenten Kinder und Jugendlichen beim Erstkontakt. Begrüßen wir ein Mädchen oder einen Jungen? Welche Kleidung tragen sie? Wie tragen sie ihre Haare? Wie wirken ihre Gestik, Mimik sowie Sprachduktus und -inhalt auf uns? Wirken sie authentisch und überzeugend mädchen- oder jungenhaft? Wird mädchen- oder jungenhaftes Verhalten übertrieben und prononciert zur Schau gestellt?

In der Mehrzahl treten transidente Kinder und Jugendliche bereits recht überzeugend gegengeschlechtlich wirkend auf. Insbesondere FtM-Jugendlichen ist oft ihr weibliches Geburtsgeschlecht nicht anzusehen. Vorgestellt werden allerdings auch Kinder und Jugendliche, die ganz und gar nicht dem gewünschten Geschlecht entsprechend erscheinen. Gründe hierfür sind oft soziale Angepasstheit, Ängste vor negativen Reaktionen der Umwelt, nicht selten auch Autismus-Spektrum-Störungen, die zunehmend häufiger bei transidenten Kindern und Jugendlichen beobachtet werden (▶ Kap. 9).

Immer sollte gefragt werden, mit welchem Namen das transidente Kind bzw. der/die Jugendliche angesprochen wird und wie es jetzt angesprochen werden möchte. So wird vermittelt, dass sein/ihr Anliegen ernst genomen wird. Wird jedoch berichtet, man habe sich hierüber noch keine Gedanken gemacht oder man wolle mit dem Geburtsnamen angesprochen werden, ist Vorsicht angebracht, von einer transidenten Entwicklung auszugehen.

> Die 15-jährige Stefanie (▶ Kap. 10.2.3) wurde aufgrund ihres Wunsches vorgestellt, als Junge zu leben. Bei ihr hatte sich dieser Wunsch in der Folge sexuel-

ler Übergriffe von Seiten ihres Vaters entwickelt. Sie trug eine schwere, überdimensionierte Lederjacke, die Haare sehr kurz geschnitten, trug schwere Lederstiefel, lief damit heftig auf den Boden stampfend auf den Therapeuten zu. Ihr Händedruck war so schmerzhaft hart, dass der Therapeut meinte, seine Fingerknochen brächen. Bei ihr war im Langzeitverlauf festzustellen, dass keine transidente Entwicklung vorlag.

Der 16-jährige Olaf (▶ Kap. 2.2.4) hingegen wirkte zunächst gar nicht mädchenhaft. Er sprach mit recht tiefer Stimme, stotterte stark. Er war groß gewachsen, von sehr schlanker Körperstatur, lief tief vornübergebeugt, war sehr nachlässig jungenhaft gekleidet. Im Laufe seiner mehrjährigen Therapie wirkte er jedoch zunehmend femininer. Er lebt heute sehr zufrieden als Frau und wirkt als solche gänzlich überzeugend.

Bei der begleitenden Behandlung von transidenten Kindern und Jugendlichen sollten folgende Grundsätze eingehalten werden, die von den Autor*innen der Standards of Care for the Health of Transsexual, Transgender, and Gender Nonconforming People, Version 7 (WPATH-Leitlinien, Coleman et al., 2011; deutsche Übersetzung in Richter-Appelt & Nieder, 2014[3]) entwickelt wurden und die in leichter Modifizierung hier wiedergegeben werden:

1. Behandler*innen sollten den Familien helfen, die Anliegen und Sorgen ihrer transidenten Kinder und Jugendlichen ernst zu nehmen und auf sie einzugehen. Familien spielen eine wichtige Rolle für die psychische Gesundheit und das Wohlbefinden von Jugendlichen. Das gilt auch für Gleichaltrige/Freunde und andere soziale Bezugspersonen, die eine weitere Quelle sozialer Unterstützung darstellen.
2. Die Psychotherapie sollte sich darauf konzentrieren, den durch die Transidentität bedingten Leidensdruck bei Kindern und Jugendlichen zu lindern und psychosoziale Schwierigkeiten zu reduzieren. Bei Jugendlichen, die geschlechtsangleichende medizinische Behandlung anstreben, kann der Fokus auch darauf gerichtet werden, sie vor, während und nach angleichender Behandlung zu unterstützen. Unterschiede der Wirksamkeit verschiedener Therapiemethoden konnten nicht nachgewiesen werden. Behandlungsmethoden, die darauf abzielten, die Geschlechtsidentität und geschlechtstypisches Verhalten so zu verändern, dass sie in besserer Übereinstimmung mit dem bei Geburt zugewiesenen Geschlechts stehen, sind ohne Erfolg versucht worden. Solche Behandlungsmethoden werden heute als ethisch nicht vertretbar angesehen.
3. Familien sollten unterstützt werden, mit der Unsicherheit und Ängsten über die psychosexuelle Entwicklung ihres Kindes zurechtzukommen und den Kindern und Jugendlichen helfen, ein positives Selbstkonzept zu entwickeln.

---

3   mit freundlicher Genehmigung des Psychosozial-Verlags

4. Behandler*innen sollten keine binäre Sichtweise von Geschlecht äußern. Sie sollten großen Freiraum geben, um unterschiedliche Möglichkeiten von Geschlechtsexpression ausloten zu können. Hormonelle und chirurgische Behandlung sind für manche Jugendliche angemessen, für andere nicht.
5. Kinder/Jugendliche und ihre Familien sollten bei schwierigen Entscheidungen unterstützt werden, inwieweit sie ihrer erlebten Geschlechtsidentität Ausdruck verleihen wollen, auch in Hinsicht auf den richtigen Zeitpunkt eines Geschlechtsrollenwechsels. Transidente Kinder und Jugendliche könnten in der Schule ihre Geschlechtsrolle teilweise (indem sie sich ihrem erlebten Geschlecht entsprechend kleiden) oder vollständig wechseln (indem sie einen Namen und Pronomina führen, der ihrem erlebten Geschlecht entspricht). Schwierige Fragen finden sich bei Themen, ob und wann andere Menschen über die Situation der transidenten Kinder oder Jugendlichen informiert werden sollten und wie andere Menschen in ihrem Umfeld darauf reagieren.
6. Behandler*innen sollten Kinder und Jugendliche als Berater*innen und Fürsprecher*innen bei Interaktionen mit der Gesellschaft und Instanzen wie Lehrkräften, Schulbehörden und Gerichten unterstützen.
7. Behandler*innen sollten auch während aller folgenden sozialen Veränderungen oder medizinischen Interventionen versuchen, eine therapeutische Beziehung mit geschlechtsnichtkonformen Kindern, Jugendlichen und deren Familien aufrechtzuerhalten. So wird sichergestellt, dass Entscheidungen über geschlechtstypisches Auftreten und die Behandlung der Geschlechtsdysphorie sorgfältig und wiederholt überlegt getroffen werden. Das Gleiche gilt, wenn ein transidentes Kind oder Jugendliche*r bereits den sozialen Rollenwechsel vollzogen hat, bevor er/sie erstmalig zur Untersuchung vorgestellt wird.

Fragen zur Überprüfung der Lernziele

1. Mit welchem Vornamen sollten transidente Kinder und Jugendliche in der Psychotherapie angesprochen werden?
2. Welche Ziele hat die psychotherapeutische Behandlung transidenter Kinder und Jugendlicher?

13 Setting

Die Behandlung transidenter Kinder und Jugendlicher sollte in aller Regel ambulant stattfinden, so dass sie weiter in ihrem gewohnten sozialen Umfeld leben können, in dem auch die Alltagserprobung begonnen werden sollte. Nur in Ausnahmefällen ist eine stationäre kinder- und jugendpsychiatrische Behandlung indiziert, wie z. B. bei schweren depressiven Erkrankungen, gefährlichem selbstverletzendem Verhalten, Suizidgefährdung und stark einschränkenden sozialen Phobien.

Bei einer stationären psychiatrischen Behandlung ist eine gute Planung des Behandlungssettings sehr wichtig, um nicht vorzeitige Behandlungsabbrüche zu riskieren. Gerade wenn im Rahmen einer stationären Behandlung erstmals der Versuch unternommen wird, in der gewünschten Geschlechtsrolle zu leben, sollte mit allen beteiligten Behandler*innen vorab besprochen werden, welcher Name und welche Pronomina verwendet werden. In der Regel und bei ausreichendem Platz werden transidente Patient*innen in einem Einzelzimmer untergebracht. Wenn dieses nicht möglich ist, sollten sie zusammen mit Patient*innen ihres Wunschgeschlechts untergebracht werden. Sie sollten dann auch Bäder und Toiletten ihres Wunschgeschlechts nutzen. Dieses muss allerdings vorab mit den anderen Patient*innen und auch mit den Eltern zumindest der Zimmernachbar*innen besprochen werden. Auch das Behandlungsteam muss vorab informiert sein, damit nicht die sich sehr nachteilig auswirkende Situation eintritt, dass unterschiedliche Anreden verwendet werden. Dieses gilt auch für eine tagesklinische Behandlung. Die Erfahrung zeigt, dass jugendliche transidente Patient*innen, die so erstmals die Gelegenheit erhalten, in ihrem »wahren« Geschlecht zu leben, bereits hierdurch eine deutliche psychische Entlastung erleben, es ihnen dann beispielsweise gelingt, sozialphobische Ängste abzubauen.

Bei einer kleinen Zahl transidenter Jugendlicher ist es jedoch auch nach intensiven Versuchen, das soziale Umfeld zu einer Akzeptanz eines Rollenwechsels zu bewegen, nicht möglich, dieses zu erreichen. Vorgestellt wurden in der Transidentitätssprechstunde MtF transidente Jugendliche, denen ihre Eltern drohten, sie nicht mehr als ihre Kinder anzusehen. Diese Jugendlichen waren psychisch hoch auffällig, suizidgefährdet. Der einzige mögliche Weg war hier, den Eltern das Sorgerecht zu entziehen und die Jugendlichen in Jugendhilfeeinrichtungen unterzubringen. Falls dies notwendig wird, sollte das neue Umfeld in der Jugendhilfeeinrichtung wie bei einer stationären psychiatrischen Behandlung vorbereitet werden.

Ein 16-jähriger FtM transidenter Jugendlicher wurde zwar in seiner Familie als männliche Person akzeptiert, er wagte es aber nicht mehr, das Elternhaus zu verlassen, dies aus Angst, von Nachbar*innen und früheren Mitschüler*innen erkannt zu werden. Auch der Wechsel auf ein Gymnasium in einem etwas entfernter liegenden Ort half nicht. Seine – mit der Behandlung transidenter Jugendlicher sehr erfahrene – Psychotherapeutin aufzusuchen war ihm alleine ebenfalls nicht möglich. So hatte er mittlerweile ein volles Jahr nur im Elternhaus verbracht. Eine Lösung für ihn war die Unterbringung in einer Wohngruppe für LGBTQ-Jugendliche. In diesem neuen Umfeld war es ihm möglich, wieder die Schule zu besuchen.

Erwähnt werden sollte auch, dass es Schwierigkeiten bereiten kann, Jugend- und Sozialämter von der Notwendigkeit einer solchen Jugendhilfemaßnahme zu überzeugen.

Fragen zur Überprüfung der Lernziele

1. Sollte eine psychotherapeutische Behandlung transidenter Kinder und Jugendlicher eher ambulant oder eher stationär durchgeführt werden?
2. In welchen Fällen sollten transidente Kinder und Jugendliche psychiatrisch stationär behandelt werden?
3. Welche Möglichkeiten gibt es, transidenten Kindern und Jugendlichen eine Behandlung zu ermöglichen, falls von den Sorgeberechtigten eine solche Behandlung abgelehnt wird?

14 Multidisziplinäres Vorgehen

Wenn mit hoher Sicherheit eine transidente Entwicklung vorliegt und eine geschlechtsangleichende medizinische Behandlung gewünscht wird, ist eine Kooperation notwendig mit den medizinischen Spezialgebieten Endokrinologie für die pubertätshemmende und gegengeschlechtliche hormonelle Behandlung, im weiteren Verlauf mit der plastischen Chirurgie, auch der Dermatologie für eine Epilationsbehandlung bei MtF transidenten Patienten und auch mit Logopäd*innen, ebenfalls bei MtF transidenten Patient*innen für eine Stimmtherapie.

Eine besondere Rolle spielen die transidente Jugendliche behandelnden Psychotherapeut*innen bei der Hormontherapie. Transidente Jugendliche wünschen regelhaft eine möglichst baldige hormonelle Behandlung. Im frühen pubertären Entwicklungsstadium sind dieses pubertätshemmende Gonadotropin-Releasing Hormon-Analoga (GnRH-Analoga), strukturell den Gonadotropin-freisetzenden Steuerungshormonen ähnliche Hormonanaloga, die die Sekretion der zentralen Steuerungshormone unterdrücken. Dadurch kommt es zu einer Unterdrückung der Sexualhormonausschüttung, die pubertäre Entwicklung sistiert.

Gegen eine pubertätshemmende Behandlung werden auch Bedenken geäußert, dass mögliche negative Auswirkungen wie insbesondere auf die Hirnreifung nicht ausreichend untersucht worden sind. Der Oxforder Soziologe Biggs kritisiert insbesondere die Entscheidung des Gender Identity Development Services der Londoner Tavistock Clinic, eine pubertätshemmende Behandlung zu befürworten (Biggs, 2019). Aus nahezu allen langjährig existierenden Behandlungszentren für transidente Kinder und Jugendliche wird jedoch berichtet, dass bei eindeutigen transidenten Entwicklungen sich eine pubertätshemmende Behandlung positiv auswirkt. Ein Unterlassen dieser Behandlung wird heute als unethisch angesehen.

Bei fortgeschrittener Pubertätsentwicklung ist bei geburtsgeschlechtlich männlichen Transidenten eine Behandlung mit Antiandrogenen (Cyproteronacetat) möglich, bei geburtsgeschlechtlich weiblichen Transidenten eine Behandlung mit Gestagenen zur Menstruationsunterdrückung. Diese Behandlungen sind reversibel, nach Absetzen dieser Medikamente werden die körpereigenen Sexualhormone wieder wirksam und es kommt zu einer Fortsetzung der biologischen Pubertätsentwicklung bzw. zum Wiederauftreten der Menstruationsblutungen. Trotz der Reversibilität einer solchen Behandlung ist eine Indikationsstellung der behandelnden Psychotherapeut*innen gefordert, in der begründet wird, dass ein Fortschreiten der biologischen pubertären Entwicklung die/den Patient*in in erheblichem Ausmaß psychisch belastet. Bereits beobachtete negative psychische Folgen wie depressive Erkrankungen, selbstverletzendes Verhalten, Suizidgedanken, Suizidversuche sollten dokumentiert werden.

Das empfohlene Mindestalter für eine gegengeschlechtliche Hormontherapie ist bislang (2019) 16 Jahre. Ab diesem Alter kann bei der Mehrzahl transidenter Jugendlicher davon ausgegangen werden, dass ausreichende psychische Reife und Urteilsfähigkeit vorliegen, die zum großen Teil nicht mehr reversiblen Veränderungen durch eine derartige Behandlung zu verstehen. Ein besonderes Problem ergibt sich bei sehr früh pubertätshemmend behandelten transidenten Jugendlichen. Bei sehr klarem transidentem Verlauf kann die empfohlene Altersgrenze von 16 Jahren unterschritten werden, denn es ist für eine gesunde psychische Entwicklung derartig betroffener Jugendlicher wichtig, ihnen eine altersgemäße pubertäre Entwicklung im gewünschten Geschlecht zu ermöglichen. Insbesondere geburtsgeschlechtlich weibliche FtM-Transidente können in eine soziale Außenseiterposition geraten, wenn bei ihnen der Stimmbruch und die männlich-pubertäre Entwicklung ausbleibt. Auch hierfür ist eine Indikationsstellung der behandelnden Psychotherapeut*innen notwendig. Bei sehr jungen Patienten ist zudem zu empfehlen, die Stellungnahme einer spezialisierten Sprechstunde für transidente Kinder und Jugendliche einzuholen.

Belastend ist für transidente Jugendliche recht häufig ihre Stimme, die meist dem Geburtsgeschlecht entsprechend klingt. Nach hormoneller Behandlung kommt es in der Regel bei geburtsgeschlechtlich männlichen transidenten Jugendlichen nicht zu einer höheren, weiblich klingenden Stimme, wenn es schon zu einem deutlichen Kehlkopfwachstum gekommen ist, das zudem auch äußerlich das biologisch männliche Geschlecht sichtbar werden lässt. Berichtet wird oftmals, dass es transidente Jugendliche nicht wagen, Telefonanrufe zu beantworten, da sie als Person ihres Geburtsgeschlechts angesprochen werden. Hier kann eine logopädische Stimmtherapie zu einer Verbesserung führen, die wiederum von den behandelnden Psychotherapeut*innen befürwortet werden muss. Zunehmend häufiger sind Krankenkassen heute bereit, die Kosten für eine derartige Behandlung zu übernehmen.

Die Indikationsstellung seitens der Psychotherapeut*innen kann kurz (ein- bis zweiseitig) gefasst sein, sie sollte neben der Attestierung der eindeutigen Diagnose einer transidenten Entwicklung primär die erhebliche Beeinträchtigung des psychischen Befindens der betroffenen jugendlichen Antragsteller*innen attestieren.

Die plastisch-chirurgische geschlechtangleichende Behandlung sollte in der Regel nicht vor dem 18. Lebensjahr durchgeführt werden. Eine Ausnahme ist die Mastektomie bei FtM Jugendlichen, insbesondere bei stark ausgeprägter Brustbildung. Diese Transjungen sind in erheblichem Ausmaß in ihrem Leben beeinträchtigt und psychisch belastet. Sie versuchen, die Brüste durch vornüber gebeugte Körperhaltung, durch Tragen weitsitzender T-Shirts oder aber eine Vielzahl übergroßer Hemden und Pullover, auch vielfach durch Tragen von sog. Bindern, eng sitzenden Kompressionsjacken, zu verbergen. Sie wagen es in aller Regel nicht schwimmen zu gehen, die Teilnahme am schulischen Sport- und Schwimmunterricht ist für sie stark belastend. Hilfreich ist hier ein Attest, das eine Freistellung von diesem Unterricht ermöglicht. Sind diese Transjungen bereits lange genug (meist drei bis vier Jahre lang) psychotherapeutisch und auch hormonell behandelt worden (Androgentherapie etwa ein Jahr lang) und bestehen keine Zweifel an der Transidentität, so kann eine Mastektomie schon vor dem 18. Geburtstag durchgeführt werden. In hierauf spezialisierten gynäkologischen Zentren und Fachpraxen werden Mastektomien in solchen Fällen nicht selten schon bei 16-Jährigen durchgeführt.

Selten können auch weitere plastisch-chirurgische geschlechtsangleichende Behandlungen vor Erreichen der Volljährigkeit befürwortet werden, wenn eine sehr eindeutige transidente Entwicklung, meist mit early-onset-Verlauf, und ein besonders hohes Ausmaß an Geschlechtsdysphorie vorliegen.

Notwendig ist für plastisch-chirurgische Eingriffe vor und auch nach Erreichen der Volljährigkeit immer die Kostenübernahme durch die Krankenkassen. Verlangt wird hierfür bislang (2019) von den Krankenkassen der Nachweis ausreichend langer psychotherapeutischer Begleitung (in der Regel 18 Monate), der Nachweis gegengeschlechtlicher Hormontherapie (in der Regel ein Jahr) sowie eine gutachterliche Stellungnahme des/der Psychotherapeut*in, dass eine zweifelsfreie transidente Entwicklung vorliegt, die sich mit hoher Wahrscheinlichkeit nicht mehr ändern wird. Generelle Praxis in Deutschland ist es, dass die für den Antrag auf Vornamens- und Personenstandsänderung nach dem Transsexuellengesetz (TSG) erstellten zwei Fachgutachten hierfür vorgelegt werden können. Den Betroffenen sollte daher geraten werden, diesen Antrag bei dem zuständigen Amtsgericht zu stellen (▶ Kap. 16), bevor der Antrag auf Kostenübernahme bei der Krankenkasse gestellt wird. Sollte es zu der erhofften Streichung des TSGs kommen, wäre dann allerdings die Erstellung eines gesonderten Fachgutachtens für die Indikationsstellung eines geschlechtsangleichenden Eingriffs vor Erreichen der Volljährigkeit notwendig. Dies wäre dann aber auch ein eindeutigeres Vorgehen, da TSG-Gutachten für personenstandsrechtliche Zwecke und nicht für medizinische Indikationsstellung erstellt werden.

Fragen zur Überprüfung der Lernziele

1. Welche pubertätshemmenden Medikamente gibt es?
2. Ab welchem pubertären Entwicklungsstadium sollten pubertätshemmende Medikamente gegeben werden?
3. Welche gegengeschlechtlichen Sexualhormone gibt es?
4. Welche Altersgrenze wird in den aktuellen Behandlungsleitlinien für die Gabe gegengeschlechtlicher Hormone empfohlen?
5. Können die für die Gabe gegengeschlechtlicher Hormone empfohlenen Altersgrenzen unterschritten werden? Wenn ja, welche Voraussetzungen sollten gegeben sein und was sind die Gründe dafür?
6. Welche Altersgrenze wird in den aktuellen Behandlungsleitlinien für operative geschlechtsangleichende Eingriffe empfohlen?
7. Können für operative geschlechtsangleichende Eingriffe empfohlene Altersgrenzen unterschritten werden? Wenn ja, welche Voraussetzungen sollten gegeben sein und was sind die Gründe dafür?

15 Therapieantrag

Da nur etwa die Hälfte transidenter behandlungssuchender Kinder und Jugendlicher an ernsteren psychischen Störungen leidet, ist nicht in jedem Fall eine Regelpsychotherapie notwendig. Empfohlen wird daher in den AWMF-Leitlinien eine psychotherapeutische *Begleitung*, keine Regelpsychotherapie, für die ein Therapieantrag gestellt werden müsste. Psychisch unauffällige Transidente können so vor allem in sozialpsychiatrischen Praxen oder bei Kinder- und Jugendlichenpsychotherapeut*innen niedrigfrequent, etwa einmal im Quartal, psychotherapeutisch begleitet werden. Eine solche psychotherapeutische Anbindung ist zu empfehlen, damit in Krisenfällen eine rasche therapeutische Intervention gewährleistet ist und nicht erst die oft aufwändige Suche nach geeigneten Therapeut*innen begonnen werden muss.

Liegen jedoch ernstere psychische Auffälligkeiten vor wie schwere depressive Verstimmungen, selbstverletzendes Verhalten, Suizidgedanken, soziale Ängste, phobische Störungen, so ist eine reguläre psychotherapeutische Behandlung indiziert. Diese kann sowohl tiefenpsychologisch orientiert als auch verhaltenstherapeutisch basiert stattfinden, wobei in der Mehrzahl ein verhaltenstherapeutisches Vorgehen zu empfehlen ist. Insbesondere bei sozialen Phobien, die oftmals anzutreffen sind, empfiehlt sich ein schrittweises Vorgehen im Sinne eines Expositionstrainings, dies gerade in der Phase der Offenlegung der Transidentität, in der sog. Outing-Phase. Dieses sollte Schritt für Schritt mit den Kindern/Jugendlichen und ihren Eltern vorbereitet werden, es erfordert auch oftmals Gespräche mit Erzieher*innen, Lehrer*innen, Betreuer*innen in Jugendhilfeeinrichtungen, die zu einer Entlastung und Symptomreduktion führen können.

Die Antragstellung erfolgt dann nach den üblichen Regeln (vgl. In-Albon, Christiansen & Schwenck, 2020): Zu beschreiben sind vorliegende psychopathologische Symptome, Annahmen über ihre Ursachen, Ziele der psychotherapeutischen Behandlung wie Begleitung bei der Transition, Emotionsregulation, Steigerung des Selbstwertgefühls, Förderung sozialer Kompetenzen und hierzu geplante Therapiemaßnahmen. Betont werden sollte immer, dass das therapeutische Vorgehen ergebnisoffen sein muss, also nicht als Ziel die Beseitigung des transidenten Empfindens hat.

Bei der Antragstellung sollte in der Regel die gewünschte gegengeschlechtliche Anredeform und der von den Patient*innen gewählte Vorname verwendet werden. Dies sollte anfangs kurz begründet werden, etwa mit der Formulierung: »Da der Patient/die Patientin bereits (weitgehend) in der männlichen/weiblichen Geschlechtsrolle lebt, er/sie auch überzeugend männlich/weiblich wirkend auftritt, wird die männliche/weibliche Anredeform gewählt.« Bei Patient*innen, die noch in der Rolle des bei Geburt zugewiesenen Geschlechts leben und auch bei Patient*innen, bei denen der Verlauf noch nicht sicher abschätzbar erscheint, sollte die Anredeform des Geburtsgeschlechts gewählt werden.

16 Rechtliche Aspekte

16.1 Vornamensänderung und sozialer Rollenwechsel

Bei transidenten Kindern und Jugendlichen stellt sich häufig die Frage, ob es rechtlich zulässig ist, bereits mit dem gewünschten Namen und als Person des psychisch erlebten Geschlechts angesprochen zu werden, bevor eine Vornamens- und Personenstandsänderung nach dem Transsexuellengesetz erfolgt ist. Hierzu führt die auf rechtliche Fragen bei Transidentität spezialisierte und anerkannte Rechtsanwältin Maria Sabine Augstein aus, dass es keine gesetzliche Grundlage gibt, das Führen des Wunschnamens zu verbieten. Gemäß Art. 2, Abs. 1 GG ist die allgemeine Handlungsfreiheit garantiert, es liegt kein Grund vor, hier ein gesetzliches Verbot auszusprechen. Die Eintragung des neuen Namens in das Klassenbuch und in Zeugnisse stellt keinen Tatbestand der Urkundenfälschung dar (Augstein, 2013). Gleiches gilt für Auszubildende und Berufstätige.

Auch bei Krankenkassenkarten und selbst Führerscheinen gibt es keine rechtlichen Hinderungsgründe, diese auf den gewünschten Namen auszustellen. Es wird hier nicht das Geschlecht beurkundet, sondern das Anrecht auf medizinische Behandlung bzw. die Fähigkeit, ein Fahrzeug zu führen.

In der Praxis sind die Erfahrungen sehr unterschiedlich. In vielen Schulen werden transidente Schüler als Person des gewünschten Geschlechts anerkannt. Krankenkassen sind allerdings seltener bereit, ihre Ausweiskarten bereits auf den gewünschten Namen auszustellen. Falls der Wunsch abgelehnt wird, als Person des Gegengeschlechts angesprochen und behandelt zu werden, ist zu empfehlen, sich an Selbsthilfegruppen wie die Deutsche Gesellschaft für Transidentität und Intersexualität (dgti) zu wenden.

Aus psychotherapeutischer Sicht ist hierzu festzustellen, dass bei einer klaren transidenten Entwicklung die psychische Gesundheit und somit das Kindswohl gefährdet wäre, würde man die Betroffenen zwingen, im biologischen Geburtsgeschlecht zu leben. Durwood, Laughlin und Olsen (2017) berichten über die seelische Gesundheit von 116 Transgender-Kindern im Alter von 9 bis 14 Jahren nach sozialem Rollenwechsel. Sie erfassten Angststörungen, depressive Erkrankungen und beeinträchtigtes Selbstwertgefühl. Im Vergleich zu einer Kontrollgruppe von 123 Cisgender-Kindern und 72 Geschwisterkindern fand sich bei Transgender-Kindern kein höheres Ausmaß depressiver Symptome und kein beeinträchtigtes Selbstwertgefühl, lediglich leicht höhere Raten von Angststörungen (p = .096). Diese Ergebnisse stehen in starkem Kontrast zu Untersuchungen von Transgender-Kindern, die den sozialen Rollenwechsel nicht vollzogen hatten; hier fanden sich deutlich erhöhte Raten von Angststörungen und depressiven Erkrankungen. Transkindern und -jugendlichen sollte es daher ermöglicht werden, auch in Sportvereinen und Jugendgruppen als Person des von ihnen empfundenen Geschlechts aufzutreten.

16.2 Vornamens- und Personenstandsänderung nach dem Transsexuellengesetz

1981 wurde in Deutschland das *Gesetz über die Veränderung der Vornamen und die Feststellung der Geschlechtszugehörigkeit in besonderen Fällen* geschaffen, das sog. Transsexuellengesetz. Es eröffnete erstmals die Möglichkeit der Vornamens- und Personenstandsänderung. Voraussetzungen hierfür sind (in antiquierter Rechtssprache):

1. Die antragstellende Person empfindet sich »auf Grund ihrer transsexuellen Prägung« nicht mehr dem in ihrem Geburtseintrag angegebenen, sondern dem anderen Geschlecht als zugehörig.
2. Sie muss seit mindesten drei Jahren »unter dem Zwang stehen, ihren Vorstellungen entsprechend zu leben« (§ 1.1 TSG). Weiter muss mit hoher Wahrscheinlichkeit anzunehmen sein, dass »sich ihr Zugehörigkeitsempfinden zum anderen Geschlecht nicht mehr ändern wird« (§ 1.2 TSG).
3. Das Gericht muss für seine Entscheidung die Gutachten von zwei Sachverständigen einholen, »die auf Grund ihrer Ausbildung und ihrer beruflichen Erfahrung mit den besonderen Problemen des Transsexualismus ausreichend vertraut sind […]; in ihrem Gutachten haben sie auch dazu Stellung zu nehmen, ob sich nach den Erkenntnissen der medizinischen Wissenschaft das Zugehörigkeitsempfinden des Antragstellers mit hoher Wahrscheinlichkeit nicht mehr ändern wird« (§ 4.3 TSG).

Das Bundesverfassungsgericht hat seit 1982 mehrere weitere Vorschriften des TSG für verfassungswidrig erklärt. Aufgehoben wurde u. a. die Altersgrenze von 25 Jahren für eine Vornamens- und Personenstandsänderung, die Beschränkung des Geltungsbereichs des TSG auf Antragsteller*innen deutscher Staatsbürgerschaft und schließlich 2011 die Vorschrift, der zufolge die Personenstandsänderung »dauernde Fortpflanzungsunfähigkeit und einen die äußeren Geschlechtsmerkmale verändernden operativen Eingriff« voraussetzt. Nach der alten Rechtsvorschrift waren Transidente, die einen Antrag auf Personenstandsänderung stellten, *gezwungen*, sich einem operativen Eingriff zu unterziehen. Für Antragsteller*innen, die dieses nicht wünschten, war es somit unmöglich, einen Antrag auf Personenstandsänderung positiv beschieden zu bekommen.

Meyenburg, Schmidt & Renter-Schmidt (2015) werteten 670 im Zehnjahreszeitraum von 2005 bis 2014 erstellte Gutachten zur Vornamens- und Personenstandsänderung aus. Insgesamt 13 % der Antragsteller*innen waren jünger als 18 Jahre alt, 39 % 24 Jahre alt oder jünger. In den 1990er Jahren war nur die Hälfte, 19 % der Antragsteller*innen jünger als 25 Jahre (Meyer zu Hoberge, 2009). Lediglich 6 Anträge wurden von den Gutachtern abgelehnt, das sind weniger als 1 %. Bei Minderjährigen wurden nur 2 Anträge nicht befürwortet. Von den von 1981 bis 1990 getroffenen 534 Gerichtsentscheidungen wurden 45 (8,4 %) ablehnend beschieden (Osburg & Weitze, 1993), von den von 1991 bis 2000 gestellten 2 484 Anträgen waren es noch 4,8 % (Meyer zu Hoberge, 2009).

Dies und die seit Einführung des TSG geringe Rate der Rückumwandlungsbegehren (1 % oder weniger) veranlassten Meyenburg et al. (2015) zu dem Vorschlag, das TSG in seiner jetzigen Form aufzuheben und durch eine die Antragsteller*innen weniger belastende Karenzlösung oder aber ein reines nichtgerichtliches Antragsverfahren zu ersetzen. Diese Forderung wurde von einer interministeriellen Arbeitsgruppe der damaligen Bundesregierung aufgegriffen und vom Bundesrat in seiner 958. Sitzung am 2. 6. 2017 eine Entschließung zur Aufhebung des Transsexuellengesetzes sowie zur Erarbeitung eines Gesetzes zur Anerkennung der Geschlechtsidentität und zum Schutz der Selbstbestimmung bei der Geschlechterzuordnung beschlossen (Bundesratsdrucksache 362/17, siehe weiterführende Literatur). In dem Beschluss wurde festgestellt, dass neben den Geschlechtskategorien Mann und Frau andere Geschlechtsidentitäten existieren. Vom Bundesrat wird bedauert, dass es an gesellschaftlicher Akzeptanz gegenüber diesen Menschen sowie ausreichender gesundheitlicher Versorgung und angemessenen Regelungen weiterhin mangelt. Bemängelt wird, dass das TSG seit seinem Inkrafttreten nicht mehr grundlegend reformiert wurde, obschon mehrere Regelungen des TSG bereits für verfassungswidrig erklärt worden seien. Der Bundesrat forderte daher die Bundesregierung auf, darauf hinzuwirken, dass unverzüglich das TSG aufgehoben und durch ein modernes Gesetz zur Anerkennung der Geschlechtsidentität und zum Schutz der Selbstbestimmung bei der Geschlechterzuordnung ersetzt wird. Dabei sei insbesondere die teure und unnötige Begutachtungspflicht vor einer Vornamens- bzw. Personenstandsänderung sofort abzuschaffen und durch ein Verwaltungsverfahren zur Anerkennung der Geschlechtsidentität zu ersetzen. Ein solcher »Entwurf eines Gesetzes zur Anerkennung und zum Schutz der Geschlechtervielfalt sowie zur Änderung weiterer Vorschriften« ist mittlerweile von der Humboldt-Universität Berlin und vom Deutschen Institut für Menschenrechte erarbeitet worden und liegt dem Bundestag zu Entscheidung vor (Althoff et al., 2017).

16.2.1 Empfehlungen für die Begutachtung nach dem Transsexuellengesetz

Wenn auch zu erwarten ist, dass es zu einer Novellierung oder gar gänzlichen Streichung des TSG kommen wird, damit die aufwendige und mit hohen Kosten verbundene Begutachtung nicht mehr notwendig sein wird, so wird doch eine Begutachtung für medizinische geschlechtsangleichende Behandlungen weiterhin gefordert werden. Dies wäre zu begrüßen, denn damit würde eine Begutachtung für eine medizinische Indikation gefordert und nicht länger für juristische Fragestellungen erstellte Gutachten – wie bislang übliche Praxis – für medizinische Fragestellungen herangezogen werden.

Bislang sind Anträge auf Vornamens- und Personenstandsänderung nach dem TSG bei den für den Wohnort zuständigen Amtsgerichten zu stellen. In einigen Bundesländern werden diese Anträge zentral von einem oder einigen wenigen Amtsgerichten bearbeitet, beispielsweise für das Bundesland Hessen von den Amtsgerichten Frankfurt und Kassel, für das Bundesland Rheinland-Pfalz vom Amtsgericht Frankenthal (Pfalz). Bei der Antragstellung kann das Gericht gebeten werden, bestimmte Gutachter*innen zu benennen. In den meisten Fällen folgen die Gerichte diesem Wunsch.

Wie ausgeführt (▶ Kap. 16.2), sind in Gutachten nach dem TSG drei Fragen der Gerichte zu beantworten:

1. Fühlt sich die antragstellende Person dem Gegengeschlecht zugehörig?
2. Besteht dieses Zugehörigkeitsempfinden seit mindestens drei Jahren?
3. Wird sich dieses Zugehörigkeitsempfinden mit hoher Wahrscheinlichkeit nicht mehr ändern?

Die ersten zwei Fragen sind in der Regel ohne größere Probleme zu beantworten. Schwierigkeiten ergeben sich gelegentlich bei der Begutachtung, wenn die antragstellende Person seit weniger als drei Jahren den »Zwang« verspürt, als Person des Gegengeschlechts zu leben. Es sollte dann genauer eruiert werden, ob nicht schon zuvor eine Geschlechtsdysphorie bestand, ohne dass es der betroffenen Person bewusst war, dass die Ursache das tiefe innere Empfinden einer falschen Geschlechtszugehörigkeit war. Gerade bei Personen, die sich schon als Kinder dem anderen Geschlecht zugehörig verhielten, kann ein Zugehörigkeitsempfinden zum Gegengeschlecht seit weit mehr als drei Jahren angenommen werden.

Schwieriger zu beantworten ist die dritte Frage des Gerichts, ob sich das Zugehörigkeitsempfinden zum anderen Geschlecht mit hoher Wahrscheinlichkeit nicht mehr ändern wird. Auf Grundlage jahrzehntelanger Begutachtungspraxis kann empfohlen werden, hier eine Reihe von Voraussetzungen aufzuführen, deren Erfüllung es sehr unwahrscheinlich macht, dass es noch zu einer Änderung des Geschlechtszugehörigkeitsempfindens kommen wird. Es ist zudem davon auszugehen, dass Anträge auf Vornamens- und Personenstandsänderung in der Regel nur von Personen gestellt werden, bei denen die fest innere Überzeugung vorliegt, nur als Person des Gegengeschlechts leben zu können. Dafür spricht, dass von den von Meyenburg, Renter-Schmidt und Schmidt (2015) begutachteten 670 Personen weniger als 1 % eine Rückumwandlung beantragten.

Diese Voraussetzungen für eine Beantwortung der dritten Frage des Gerichts sind:

a) Klare und eindeutige Diagnose einer transidenten Entwicklung
Die Beurteilung dieser Voraussetzung ist bereits bei der Beantwortung der Frage 1 des Gerichts erfolgt.

b) Durchgehendes Bestehen des Zugehörigkeitsempfindens zum Gegengeschlecht seit der frühen Kindheit
Diese Voraussetzung ist bei vielen Antragstellern mit sehr typischem Verlauf gegeben, bei vielen Antragstellern wird jedoch auch von einer mehr oder weniger langen Phase zuvor nicht geschlechtsatypischen Verhaltens berichtet. Es sollte dann eingehender untersucht werden, unter welchen Umständen die antragstellende Person aufgewachsen ist. Ein familiärer Hintergrund mit sehr traditionell-konservativem Geschlechtsrollenverständnis kann dazu führen, dass die Betroffenen es lange Zeit nicht wagen, ihren Wunsch offenzulegen. Gerade ein sehr konservativer religiöser Hintergrund kann es den Betroffenen sehr schwer machen, sich zu outen. Es sind Fälle bekannt, in denen es den Transidenten nur möglich wurde im gewünschten Geschlecht zu leben, wenn sie die Familien mit starken religiösen Überzeugungen verließen und eine stationäre Jugendhilfemaßnahme in Anspruch nahmen.
Untersucht werden sollte auch die Persönlichkeitsstruktur der antragstellenden Personen. Bei einer sehr um soziale Anpassung bemühten Persönlichkeitsstruktur scheuen Betroffene oft lange Zeit davor zurück, ihr Problem offenzulegen.
Festzustellen ist allerdings auch, dass es Antragsteller*innen gibt, die sich zuvor unauffällig ihrem biologischen Geschlecht entsprechend entwickelten. Gerade bei Kindern, in deren Familien kein rigides Geschlechtsrollenverständnis vorherrscht, kommt es bis zur Pubertät zu nur geringem Leidensdruck. Meistens sind dies Transjungen, die gerne Jeanshosen tragen, mit Vorliebe Fußball spielen und anderweitige als jungentypisch angesehene Interessen zeigen. Oftmals berichten Mütter, sich auch in dieser Weise entwickelt zu haben.

c) Negative Reaktionen und erhebliche psychische Belastungen durch die pubertären Veränderungen
Diese Voraussetzung unterscheidet Transidente in der Regel recht klar von Antragsteller*innen mit ich-dystoner homosexueller Orientierung. Bei jüngeren Antragsteller*innen, bei denen pubertäre Veränderungen noch nicht eingetreten sind, kann schon die Furcht vor Eintritt der Pubertät zu einer erheblichen psychischen Belastung führen.

> Ein 10-jähriger Transjunge lebte schon monatelang in größter panischer Angst vor dem Brustwachstum. Er war ein begeisterter Fußballspieler, trug selbst bei heißem Wetter mehrere weit sitzende T-Shirts, bevor Anzeichen eines Brustwachstums überhaupt sichtbar waren. Auch die früh begonnene pubertätshemmende Behandlung führte nicht zu einem Rückgang seiner Ängste, die erst nach einer plastisch-chirurgischen Korrektur der nur wenig weiblich entwickelten Brüste im Alter von 16 Jahren zurückgingen.

d) Keine Veränderung des Zugehörigkeitsempfindens zum Gegengeschlecht auch nach länger dauernder psychotherapeutischen Begleitung
Entscheidend ist hierbei die Dauer der psychotherapeutischen Begleitung, sie sollte etwa ein Jahr lang sein (▶ Kap. 12).

e) Verbesserung des psychischen Befindens nach Eintritt in die Alltagserprobungsphase, d. h. durchgehendes Leben in der gewünschten Geschlechtsrolle in allen Lebensbereichen
Nicht allen Antragsteller*innen ist es möglich, in eine solche Alltagserprobung in allen Lebensbereichen einzutreten, insbesondere ist dies bei Autismus-Spektrum-Störungen schwierig (▶ Kap. 2.2.5). Es gibt Antragsteller*innen mit Autismus, die viele Jahre lang nicht in der Lage sind, das Haus zu verlassen. Hier ist dann die Dauer der Persistenz des Wunsches entscheidend, ob eine Transidentität mit Sicherheit anzunehmen ist.
f) Verbesserung des psychischen Befindens nach Beginn einer pubertätshemmenden oder einer gegengeschlechtlichen Hormontherapie
Regelhaft empfinden transidente Antragsteller*innen das Ausbleiben (weiterer) pubertärer Veränderungen im biologischen Geschlecht oder das Eintreten der gewünschten pubertären Veränderungen im Gegengeschlecht als psychisch sehr entlastend. Auch diese Reaktion unterscheidet sie von Jugendlichen mit ich-dystoner homosexueller Orientierung.
g) Überzeugend wirkendes Auftreten als Person des gewünschten Gegengeschlechts
Eine große Zahl der Antragsteller*innen tritt bereits sehr überzeugend als Person des gewünschten Geschlechts auf. Einschränkungen sind bei weit vorangeschrittener pubertärer Entwicklung, insbesondere biologisch männlicher Antragsteller zu machen. Entscheidend ist allerdings nicht nur das äußere physische Erscheinungsbild, sondern auch Gestik, Mimik und Sprechweise. Im typischen Fall wirken Antragsteller*innen sehr authentisch und überzeugend als Person des psychisch erlebten Geschlechts, sie stellen geschlechtstypisches Verhalten nicht in übertriebener Weise zur Schau (▶ Kap. 10.2.3 und ▶ Kap. 12; diese transidente Jugendliche hatte zwar keinen TSG-Antrag gestellt, ihr Auftreten hätte aber zu erheblichen Bedenken führen müssen, ihn positiv zu beurteilen).

16.3 Neufassung des Personenstandsgesetzes (PStG)

Im deutschen Personenstandsgesetz wurde bis 2018 bestimmt, dass bei Kindern, die weder dem weiblichen noch dem männlichen Geschlecht zugeordnet werden konnten, die Geschlechtsangabe im Geburtenregister offengelassen werden muss. Diese Vorschrift wurde vom Bundesverfassungsgericht mit Beschluss vom 10.10.2017 für verfassungswidrig erklärt, weil hierdurch Personen wegen ihres Geschlechts diskriminiert werden, wenn das Personenstandsrecht sie dazu zwingt, das Geschlecht zu registrieren, aber keinen anderen positiven Geschlechtseintrag als weiblich oder männlich zulässt. Dem ist durch das am 22.12.2018 in Kraft getretene »Gesetz zur Änderung der in das Geburtenregister einzutragenden Angaben« Rechnung getragen worden. Dieses ermöglicht auch die Eintragung »divers« in das Geburtenregister.

Der neue §45b PstG regelt zudem die nachträgliche Änderung der Geschlechtsangabe und der Vornamen von Personen mit »Varianten der Geschlechtsentwicklung«. Als solche Varianten werden in der Gesetzesbegründung Diagnosen zusammengefasst, bei denen die Geschlechtschromosomen, das Genitale oder die Gonaden inkongruent sind, wobei Bezug genommen wird auf die in der Konsensuskonferenz von 2005 in Chicago vorgeschlagene Klassifikation (Lee et al., 2006). Vom früheren Bundesanwalt beim Bundesgerichtshof Manfred Bruns wird hierzu kritisch ausgeführt, dass das Bundesverfassungsgericht bereits in einem Beschluss vom 11.01.2011 ausgeführt hat:

> »Es ist wissenschaftlich gesicherte Erkenntnis, dass die Zugehörigkeit eines Menschen zu einem Geschlecht nicht allein nach den äußerlichen Geschlechtsmerkmalen im Zeitpunkt seiner Geburt bestimmt werden kann, sondern sie wesentlich auch von seiner psychischen Konstitution und selbstempfundenen Geschlechtlichkeit abhängt. Steht bei einem Transsexuellen das eigene Geschlechtsempfinden nachhaltig im Widerspruch zu dem ihm rechtlich nach den äußeren Geschlechtsmerkmalen zugeordneten Geschlecht, gebieten es die Menschenwürde in Verbindung mit dem Grundrecht auf Schutz der Persönlichkeit, dem Selbstbestimmungsrecht des Betroffenen Rechnung zu tragen und seine selbstempfundene geschlechtliche Identität rechtlich anzuerkennen.«

Bruns führt weiter aus, das BVG habe in dieser und weiteren Entscheidungen festgelegt, dass unter dem Begriff »Varianten der Geschlechtsentwicklung« auch Abweichungen aufgrund von hormonellen Störungen gleich welcher Ursache und aufgrund eines abweichenden Geschlechtsempfindens zu fassen sind. Somit bestünde jetzt die rechtliche Möglichkeit, mit einer einfachen ärztlichen Bescheinigung, die lediglich nachweist, dass eine Variante der Geschlechtsentwicklung vorliegt, oder aber mittels einer eidesstattlichen Erklärung beim Standesamt eine Vornamens- und Personenstandesänderung zu erreichen (Bruns, 2019). Solche Anträge sind bereits bei Standesämtern gestellt und auch positiv beschieden worden.

Das Bundesministerium für Inneres hat jedoch in einem Rundschreiben an die Innenministerien und Senatsverwaltungen für Inneres der Länder vom 10.04.2019 darauf hingewiesen, dass die Neufassung des PStG nur intersexuelle Menschen im Sinne der Chicagoer Konsensuskonferenz erfasst, nicht aber transsexuelle Menschen. Das Ausstellen von ärztlichen Bescheinigungen, dass bei einem transsexuellen Menschen eine Variante der Geschlechtsentwicklung im Sinne des PStG vorliegt, stellt einen strafbaren Tatbestand dar. Eine solche Ausweitung des Personenstandsgesetzes ist somit nicht möglich. Notwendig ist daher die seit vielen Jahren verschleppte Reform des Transsexuellengesetzes.

Fragen zur Überprüfung der Lernziele

1. Was regelt das sog. Transsexuellengesetz in Deutschland?
2. Gibt es in Deutschland eine rechtliche Altersgrenze für die Vornamens- und Personenstandsänderung?
3. Gibt es rechtliche Gründe, transidenten Kindern und Jugendlichen zu verweigern, sie mit dem gewünschten Vornamen anzusprechen?

17 Besonderheiten

Auf viele Besonderheiten ist schon in den vorangehenden Kapiteln eingegangen worden, so die Altersgrenzen für geschlechtsangleichende Behandlungen, die Schwierigkeiten, eine leitliniengemäße Alltagserprobung zu beginnen, dies insbesondere bei Transidenten mit Autismus-Spektrum-Störungen. Etwas näher eingegangen werden soll aber auf die Probleme bei ersten sexuellen Beziehungen transidenter Jugendlicher und auf Wünsche nach Rückumwandlung, die oftmals von weniger erfahrenen Behandler*innen befürchtet werden.

17.1 Sexualität transidenter Jugendlicher

In besonderem Maße belastet sind viele transidente Jugendliche, wenn erste sexuelle Erfahrungen gemacht werden. Nicht selten durchlaufen sie dann bereits die Behandlungsschritte einer gegengeschlechtlichen Hormontherapie, auch erste geschlechtsangleichende Operationen wie die Mastektomie bei FtM transidenten Jugendlichen und sie werden im Alltagsleben als Person des von ihnen empfundenen Geschlechts angesehen. Äußerlich scheinen diese Jugendlichen bereits problemlos im gewünschten Geschlecht zu leben. Tritt aber der altersgemäße natürliche Wunsch auf, eine sexuelle Beziehung einzugehen, wird es unabweisbar, ihre Transidentität offenzulegen.

Ein für Hormontherapie, Vornamens- und Personenstandsänderung und die Mastektomie begutachteter FtM transidenter Jugendlicher beging Suizid, nachdem er eine Beziehung zu einer Mitschülerin eingegangen war, die auch eine sexuelle Beziehung wünschte. Vermutet werden kann, dass es ihm in dieser Situation schmerzhaft klar wurde, er werde niemals ein »richtiger Mann« sein. Erschwerend kam hinzu, dass die sehr religiös-konservativen Eltern ihn nie wirklich als männliche Person akzeptiert hatten. Anzumerken ist, dass dies bei über 800 in der Frankfurter Transidentitätssprechstunde im Zusammenhang mit der Transidentität untersuchten und behandelten Kindern und Jugendlichen der einzig bekannte Fall von vollendetem Suizid ist. Suizidgedanken und -versuche sind jedoch häufiger anzutreffen.

Von großer Wichtigkeit ist es daher, das Thema Sexualität in der Therapie anzusprechen und auch darauf hinzuweisen, dass auch eine nahezu perfekte geschlechtsangleichende Behandlung niemals zu dem Ergebnis führen wird, dass er/sie nicht mehr transident ist. Es sollte im Gegenteil versucht werden, die Transidentität als eine Besonderheit positiv zu besetzen, beispielsweise darauf hinzuweisen, dass nur Transidente den besonderen Vorteil haben, ihren Vornamen selbst aussuchen zu können. Betont werden sollte in der therapeutischen Arbeit mit transidenten Kindern und Jugendlichen immer, dass sie nicht psychisch krank sind, sondern besondere geschlechtsvariante Menschen sind.

17.2 Rückumwandlungswünsche

Nur selten wird von Transidenten auch nach bereits erfolgter hormoneller und plastisch-chirurgischer Behandlung eine Rückumwandlung gewünscht. Die große Mehrzahl dieser Patient*innen ist erwachsen. In der Begutachtungsstudie von Meyenburg et al. (2015) wünschten sieben von 670 Antragsteller*innen (1 %) eine Rückumwandlung, sie waren zwischen 21 und 66 Jahre alt. Zwei dieser Antragsteller*innen waren bereits im Jugendalter in der Frankfurter Transidentitätssprechstunde untersucht bzw. begutachtet worden. Ein MtF-Transidenter wirkte auch nach zweijähriger Hormontherapie aufgrund seiner Körpergröße, seines starken Bartwuchses, seiner sehr tiefen Stimme so wenig weiblich, dass er sich für eine Rückkehr in die männliche Geschlechtsrolle entschied. Bei erneuter Begutachtung zur Vornamens- und Personenstandsänderung zur Rückkehr ins männliche Geburtsgeschlecht berichtete er, er fühle sich »tief in seinem Inneren« aber weiterhin weiblich. Grund für die Rückkehr in die biologische Geschlechtsrolle war die Nichtlebbarkeit der Transidentität. Die zweite ebenfalls schon im Jugendalter zur Vornamens- und Personenstandsänderung begutachtete FtM Transidente, eine hochintelligente Gymnasiastin, berichtete, ihre zuvor feste innere Überzeugung nur als Mann leben zu können sei plötzlich verschwunden, sie wollte wieder als Frau leben. Auch sie war bereits gegengeschlechtlich hormonell behandelt worden. Sie äußerte kein Bedauern über den Weg, den sie gegangen war, es sei für sie der richtige Weg zur Identitätsfindung gewesen. Anzumerken ist bei ihr, dass vor ihrem ersten Rollenwechsel in das männliche Geschlecht keine psychotherapeutische Behandlung stattgefunden hatte.

Ähnliche Ergebnisse werden aus der Amsterdamer Gender Dysphoria Study berichtet (Wiepjes et al., 2018). Von den erfassten 6 793 transidenten Männern und Frauen wünschten 14 (0,6 % MtF und 0,3 % FtM) eine Rückumwandlung. Fünf dieser Transidenten gaben als Grund fehlende soziale Akzeptanz an, zwei bezeichneten sich als nicht-binäre Transidente, sieben sahen die Diagnose und Behandlung als einen Fehler an; sie hatten beispielsweise gehofft, dadurch andere Probleme wie ihre Homosexualität oder fehlende soziale Akzeptanz in ihrem Geburtsgeschlecht lösen zu können.

Literatur

Achenbach, T. M. & Edelbrock, C.S. (1980). Behavioral problems and competencies reported by parents of normal and disturbed children aged four through sixteen. *Monographs of the Society for Research in Child Development, 46* (188), 1–82.
Achenbach, T. M. & Rescorla, L. A. (2003). *Manual for the ASEBA adult forms & profiles*. Burlington, VT: University of Vermont, Research Center for Children, Youths, & Families.
Althoff, N., Schabram, G., & Follmar-Otto, P. (2017). *Gutachten Geschlechtervielfalt im Recht. Status quo und Entwicklung von Regelungsmodellen zur Anerkennung und zum Schutz von Geschlechtervielfalt. Begleitmaterial zur Interministeriellen Arbeitsgruppe Inter- und Transsexualität, Band 8*. Zugriff am 13.11.2019 unter https://www.bmfsfj.de/blob/114066/8a0 2a557eab695bf7179ff2e92d0ab28/imag-band-8-geschlechtervielfalt-im-recht-data.pdf
American Psychiatric Association (2013). *Diagnostic and Statistical Manual of Mental Disorders, 5th Edition*. Washington, DC: American Psychiatric Publishing.
Augstein, M. S. (2013). *Zur Situation transsexueller Kinder in der Schule vor der offiziellen (gerichtlichen) Vornamensänderung*. Zugriff am 12.12.2019 unter https://www.trans-kinder-netz.de/files/pdf/Augstein%20Maerz%202013.pdf
Bechard, M., VanderLaan, D.P., Wood, H., Wasserman, L. & Zucker, K.J. (2017). Psychosocial and psychological vulnerability in adolescents with gender dysphoria: A »proof of principle« study. *J Sex Marital Ther, 43* (7), 678–688.
Becker, I., Gjergji-Lama, V., Romer, G. & Möller, B. (2014). Merkmale von Kindern und Jugendlichen mit Geschlechtsdysphorie in der Hamburger Spezialsprechstunde. *Prax Kinderpsychol Kinderpsychiat, 63* (6), 486–509.
Biggs, M. (2019). *Tavistock's experimentation with puberty blockers: Scrutinizing the evidence*. Zugriff am 13.11.2019 unter http://transgendertrend.com/tavistock-experiment-puberty-blockers/
Bleiberg, E., Jackson, L. & Ross, J. (1986). Gender identity disorder and object loss. *J Am Acad Child Psychiat, 25*, 58–67.
Bruns, M. (2019). Das »Gesetz zur Änderung der in das Geburtenregister einzutragenden Angaben«. *STAZ DasStandesamt 04/2019*. Zugriff am 23.01.2020 unter www.bbz-lebensart.de/CMS/uploads/M.Bruns_STAZ_A19_005.pdf
Chen, M., Fuqua, J. & Engster, E.A. (2016). Characteristics of referrals for gender dysphoria over a 13-year period. *J Adolesc Health, 58*, 369–371.
Clark, T. C., Lucassen, M. F., Bullen, P., Denny, S. J., Fleming, T. M. & Robinson, E. M. et al. (2014). The health and well-being of transgender high school students: results from the New Zealand adolescent health survey (Youth'12). *J Adolesc Health, 55* (1), 93–99.
Cohen-Kettenis, P. T. (1994). Die Behandlung von Kindern und Jugendlichen mit Geschlechtsidentitätsstörungen an der Universität Utrecht. *Z Sexualforsch, 7*, 231–239.
Coleman, E., Bockting, W. & Botzer, M. et al. (2011). Standards of care for the health of transsexual, transgender, and gender-nonconforming people, Version 7. *Int J Transgenderism, 13*, 165–232.
Connolly, M. D., Zervos, M. J., Barone II, C. J., Johnson, C. C. & Joseph, C. L. M. (2016). The mental health of transgender youth: Advances is understanding. *J. AdolescHealth, 59*, 489–495.
Conron, K. J., Scott, J., Stowell, G. S. & Landers, S. J. (2012). Transgender Health in Massachusetts: results from a household probability samps of adults. *Am J Public Health, 102*, 118–122.

Diamond, M. (2013). Transsexuality among twins: Identity concordance, transition, rearing, and orientation. *Int J Transgenderism*, 14 (1), 24–38. DOI: org/10.1080/15532739.2013.750222

Dittmann, R. W., Kappes, M. H., Kappes, M. E., Börger, D., Stegner, H. & Willig, R. H. et al. (1990a). Congenital adrenal hyperplasia: I. Gender related behavior and attitudes in female patients and sisters. *Psychoneuroendocrinology*, 15, 401–420.

Dittmann, R. W., Kappes, M. H., Kappes, M. E., Börger, D., Meyer-Bahlburg, H. F. L. & Stegner, H., et al. (1990b). Congenital adrenal hyperplasia: II. Gender related behavior and attitudes in female salt-wasting and simple-virilizing patients. *Psychoneuroendocrinology*, 15, 421–434.

Döpfner, M., Plück, J. & Kinnen, C. (für die Arbeitsgruppe Deutsche Child Behavior Checklist) (2014). *CBCL/6-18R, TRF/6-18R, YSR/11-18R. Deutsche Schulalter-Formen der Child Behavior Checklist von Thomas M. Achenbach*. Göttingen: Hogrefe.

Drummond, K. D., Bradley, S. J., Peterson-Badali, M. & Zucker, K. J. (2008). A follow-up study of girls with gender identity disorder. *Developmental Psychol*, 44 (1), 34–45.

Durwood, L., McLaughlin, K. A. & Olsen, K. R. (2017). Mental health and self-worth in socially transitioned transgender youth. *J Am Acad Child Adolesc Psychiatry*, 56 (2), 116–123.

Fisher, A. D., Ristori, J., Castellini, G., Sensi, C., Cassioli, E. & Prunas, A. et al. (2017). Psychological characteristics of Italian gender dysphoric adolescents: a case control study. *J Endocrinol Invest*, 40, 953–965.

Foreman, M., Hare, L., York, K., Balakrishnan, K., Sanchez, F.J. & Harte, F., et al. (2018). A genetic link between gender dysphoria and sex hormone signalling. *J Clin Endocrinol Metabol*. DOI: 10.1210/jc.2018-01105

Francis, J. J. (1965). Passivity and homosexual predisposition in latency boys. *Bull Philadelphia Assoc Psychoanal*, 15, 160–174.

Gilligan, A. (2018). Trans groups under fire for huge rise in child referrals. *The Sunday Times*. Zugriff am 13.11.2019 unter https://www.thetimes.co.uk/article/trans-groups-under-fire-for-huge-rise-in-child-referrals-2ttm8c0fr

Greenson, R. R. (1966). A transvestite boy and a hypothesis. *Int J Psycho-Anal*, 47, 396–403.

Haber, C. H. (1991). The psychoanalytic treatment of a preschool boy with a gender identity disorder. *J Am Psychoanal Assoc*, 39, 107–129.

Hausmann, M. (2018). Kognitive Geschlechtsunterschiede. In: S. Lautenbacher, O. Güntürkün & M. Hausmann (Hrsg.). *Gehirn und Geschlecht. Neurowissenschaft des kleinen Unterschieds zwischen Frau und Mann*, (S 105–124). Berlin, Heidelberg: Springer.

Hembree, W. C., Cohen-Kettenis, P. T., Gooren, L., Hannama, S. E., Meyer, W. J. & Murad, M. H. et al. (2017). Endocrine treatment of gender-dysphoric/gender-incongruent persons: An Endocrine Society clinical practice guideline. *J Clin Endocrinol Metab*, 102 (11), 1–35.

Herman, S. (1983). Gender identity disorder in a five-year-old boy. *Yale J Biol Med*, 56, 15–22.

Heylens, G., DeCuypere, G., Zucker, K. J., Schelfaut, C., Elaut, E. & Van den Bossche, H. et al. (2012). Gender identity disorder in twins: a review of the case report literature. *J Sex Med*, 9 (3), 751–777.

Holt, V., Skagerberg, E. & Dunsford, M. (2016). Young people with features of gender dysphoria: Demographics and associated difficulties. *Clin Child Psychol Psychiat*, 21 (1), 108–118.

In-Albon, T., Christiansen, H. & Schwenck, C. (2020). *Verhaltenstherapie bei Kindern, Jugendlichen und jungen Erwachsenen. Vom Erstgespräch zur Therapieplanung*. Stuttgart: Kohlhammer.

Kaltiala-Heino, R., Sumia, M., Työläjärvi, M. & Lindberg, N. (2015). Two years of gender identity service for minors: overrepresentation of natal girls with severe problems in adolescent development. *Child Adolesc Psychiat and Mental Health*, 9 (9), 1–9.

Korte, A., Goecker, D., Krude, H., Lehmkuhl, U., Grüters-Kieslich A. & Beier, K. M. (2008). Geschlechtsidentitätsstörungen im Kindes- und Jugendalter. Zur aktuellen Kontroverse um unterschiedliche Konzepte und Behandlungsstrategien. *Dtsch Ärztebl, 105,* 834–839.

Kreukels, B P. C. & Guillamon, A. (2016). Neuroimaging studies in people with gender incongruence. *Int Rev Psychiat, 28* (1), 120–128.

Kuyper, L. & Wijsen, C. (2014). Gender identities and gender dysphoria in the Netherlands. *Arch Sex Behav, 43* (2), 377–385.

Lee, P. A., Houk, C. P., Ahmed, S. F. & Hughes, I. A. (2006). Consensus statement on management of intersex disorders. *International consensus conference of intersex. Pediatrics, 118,* 488–500.

Littman, L. (2018). Rapid-onset gender dysphoria in adolescents and young adults. A study of parental reports. *PloS ONE, 13* (8), e0202330. Zugriff am 20.03.2020 unter https://doi.org/10.1371/journal.pone.0202330

Littman, L. (2019). Correction: Parent reports on adolescence and young adults preceived to show signs of rapid onset of gender dysphoria. *PloS ONE.* Zugriff am 04.05.2019 unter https://doi org/10.1371/journal.pone.021457

Loeb, L. A. (1992). Analysis of the transference neurosis in a child with transsexual symptoms. *J Am Psychoanal Assoc, 40,* 587–605.

Loeb, L. A. & Shane, M. (1982). The resolution of a transsexual wish in a five-year-old boy. *J Am Psychoanal Assoc, 30,* 419–433.

Marcus, D. E. & Overton, W. F. (1978). The development of cognitive gender constancy and sex role preferences. *Child Development, 49,* 434–444.

Marshall, W. A. & Tanner, J. M. (1969). Variations in the pattern of pubertal changes in girls. *Arch Dis Child, 44,* 291–303.

Marshall, W. A. & Tanner, J. M. (1970). Variation in the pattern of pubertal changes in boys. *Arch Dis Child, 45,* 13–23.

McCann, C. (October/November 2017). When girls won't be girls. *The Economist.* Zugriff am 13.11.2019 unter https://www.1843magazine.com/features/when-girls-wont-be-girls

McDevitt, J. B. (1995). A childhood gender identity disorder. Analysis, praeoedipal determinants, and therapy in adolescence. *Psychoanal Study Child, 50,* 79–105.

Meyenburg, B. (1999). Gender identity disorder in adolescence: Outcomes of psychotherapy. *Adolescence, 34,* 307–313.

Meyenburg, B., Korte, A., Möller, B. & Romer, G. (2013). AWMF-Leitlinien Störungen der Geschlechtsidentität im Kindes- und Jugendalter (F64). Deutsche Gesellschaft für Kinder- und Jugendpsychiatrie, Psychosomatik und Psychotherapie. *Praxis Kinderpsychol Kinderpsychiat, 63* (6), 542–552. Zugriff am 13.11.2019 unter https://www.awmf.org/uploads/tx_szleitlinien/028-014l_S1_St %C3 %B6rungen_Geschlechtsidentit %C3 %A4t_2013-08_01.pdf

Meyenburg, B., Kröger, A. & Neugebauer, R. (2015). Transidentität im Kindes- und Jugendalter. Behandlungsrichtlinien und Ergebnisse einer Katamneseuntersuchung. *Z Kinder-Jugendpsychiat Psychother, 43* (1), 47–55.

Meyenburg, B., Renter-Schmidt, K. & Schmidt, G. (2015). Begutachtung nach dem Transsexuellengesetz. Auswertung von Gutachten dreier Sachverständiger. *Z Sexualforsch, 28* (2), 107–120.

Meyenburg, B. & Wüsthof, A. (2020). Geschlechtsdysphorie im Kindes- und Jugendalter. In: S. Diederich, J. Feldkamp, M. Grußendorf & M. Reincke (Hrsg.), *Referenz Endokrinologie und Diabetologie.* Stuttgart: Thieme.

Meyer zu Hoberge, S. (2009). *Prävalenz, Inzidenz und Geschlechterverhältnis der Transsexualität anhand der bundesweit getroffenen Entscheidungen nach dem Transsexuellengesetz in der Zeit von 1991 bis 2000.* Dissertation, Universität Kiel.

Mühsam, R. (1926). Chirurgische Eingriffe bei Anomalien des Sexuallebens. *Ther. Gegenw., 67,* 451–455.

Nahata, L., Quinn, G. P., Caltabellotta, N. M. & Tishelman, A. C. (2017). Mental health concerns and insurance denials among transgender adolescents. *LGBT Health, 4* (3), 188–193.

Nieder, T. O., Herff, M., Cerwenka, S., Preuss, W. F., Cohen-Kettenis, P. T. & De Cuypere, G. et al. (2011). Age of onset and sexual orientation in transsexual males and females. *J Sexual Medicine, 8,* 783–791. DOI 10.1111/j.1743-6109.2010.02142.x

Neugebauer, R.B. (2014). *Katamnese und Lebenszufriedenheit bei Kindern und Jugendlichen mit Geschlechtsidentitätsstörungen.* Dissertation, Johann Wolfgang Goethe-Universität Frankfurt am Main.

Olson, J., Schrager, S. M., Belzer, M., Simons, L. & Clark, L. F. (2015). Baseline physiologic and psychosocial characteristics of transgender youth seeking care for gender dysphoria. *J Adolesc Health, 57,* 374–380.

Olyslager, F. & Conway, L. (2007, September). *On the calculation of the prevalence of transsexualism.* Paper presented at the WPATH 20th International Symposium, Chicago, IL.

Osburg, S. & Weitze, C. (1993). Betrachtungen über 10 Jahre Transsexuellengesetz. *Recht und Psychiatrie, 11,* 94–107.

Perez-Brumer, A., Day, J. K., Russell, S. T. & Hatzenbuehler, M. L. (2017). Prevalence and correlates of suicidal ideation among transgender youth in California: Findings from a representative population-based sample of high school students. *J Am Acad Child Adolesc Psychiatry,* 56 (9), 739–746.

Peterson, C. M., Matthews, A., Copps-Smith, E. & Conard, L. A. (2016). Suicidality, self-harm, and body dissatisfaction in transgender adolescents and emerging adults with gender dysphoria. *Suicide and Life-Threatening Behav,* 47 (4), 475–482.

Pruett, K. D. & Dahl, K. (1982). Psychotherapy of gender conflict in young boys. *J Am Acad Child Psychiat, 21,* 65–70.

Restar, A.J. (2019). Methodological critique of Littman's (2018) parental-respondents accounts of »Rapid-onset gender dysphoria«. *Arch Sex Behav.* Zugriff am 29.11.2019 unter https://doi.org/10.1007/s10508-019-1463-2.

Richter-Appelt, H. & Nieder T. O. (2014). *Transgender-Gesundheitsversorgung.* Gießen: Psychosozial-Verlag.

Rosenthal, S. M. (2014). Approach to the patient: Transgender youth: Endocrine considerations. *J Clin Endocrinol Metab,* 99 (12), 4379–4389.

Schneider, C., Cerwenka, S., Nieder, T. O., Briken, P., Cohen-Kettenis, P. T. & DeCuypere, G. et al. (2016). Measuring gender dysphoria: A multicenter examination and comparison of the Utrecht Gender Dysphoria Scale and the Gender Identity/Gender Dysphoria Questionnaire for adolescents and adults. *Arch Sex Behav,* 45 (3), 551–558.

Shields, J. P., Cohen, R., Glassman, J. & Bertolini, I. (2013). Estimating population size and demographic characteristics of lesbian, gay, bisexual and transgender youth in middle school. *J Adolesc Health,* 52 (2), 248–250.

Sigusch, V. (1995). Transsexueller Wunsch und zissexuelle Abwehr. *Psyche, 49,* 811–837.

Silverman, M. A. (1990). The prehomosexual boy in treatment. In C.W. Socarides & V.D. Volkan, (Ed.). *The homosexualities. Reality, fantasies and the arts.* Madison: Int Universities Press.

Singh, D. (2012). *A follow-up study of boys with gender identity disorder.* Thesis, University of Toronto.

Skagerberg, E., Parkinson, R. & Carmichael, P. (2013). Self-harming thoughts and behaviors in a group of children and adolescents with gender dysphoria. *Int J Transgenderism,* 14 (3), 86–92.

Sohn, M., Rieger, U. M. & Heß, J. (2017). Genitalangleichende Operation. Frau-zu-Mann und Mann-zu-Frau. *Urologe,* 56, 1246–1255.

Sperling, M. (1964). The analysis of a boy with transvestite tendencies. *Psychoanal Study Child,* 19, 470–493.

Steensma, T.D., Biemond, R., de Boer, F. & Cohen-Kettenis, P.T. (2011). Desisting and persisting gender dysphoria after childhood: A qualitative follow-up study. *Clin Child Psychol Psychiatry,* 16 (4), 499–516

Steensma, T. D., McGuire, J. K., Kreukels, B. P. C., Beckman, A.J. & Cohen-Kettenis, P. T. (2013). Factors associated with desistence and persistence of childhood gender dysphoria: A quantitative follow-up study. *J Am Acad Child Adolesc Psychiatry,* 52 (6), 582–590.

Steensma, T. D. & Cohen-Kettenis, P. T. (2015). More than two developmental pathways in children with gender dysphoria? *J Am Acad Child Adolesc Psychiat,* 54, 147–148.

Smith, Y. L. S., Van Goozen, S. H. M., Kuiper, A. J. & Cohen-Kettenis, P. T. (2005). Sex reassignment. Outcomes and predictors of treatment for adolescent and adult transsexuals. *Psychological Med, 35*, 89–99.

Strang, J. F., Meagher, H., Kenworthy, L., de Vries, A. L. C., Menvielle, E., Leibowitz, S., ... Anthony, L. G. (2018). Initial clinical guidelines for co-occurring autism spectrum disorder and gender dysphoria or incongruence in adolescents. *J Clin Child Adolesc Psychol, 47*, 105–115.

Taliaferro, L.A., McMorris, B.J. & Eisenberg, M.E. (2018). Connections that moderate risk of non-suicidal self-injury among transgender and gender non-conforming youth. *Psychiat Res, 268*, 65–57.

Tsoi, W. F. (1988). The prevalence of transsexualism in Singapore. *Acta Psychiat Scand, 78*, 501-504.

Van der Miesen, A.I.R., Hurley, H., Bal, A.M. & deVries, A.L.C. (2018a). Prevalence of the wish to be of the opposite gender in adolescents and adults with autism spectrum disorder. *Arch Sex Behav, 47* (8), 2307–2317.

Van der Miesen, A.I.R., Nabbijohn, A.N., Santarossa, A. & VanderLaan, D.P. (2018b). Behavioral and emotional problems in gender-nonconforming children: A Canadian community-based study. *J Am Acad Child Adolesc Psychiat, 57* (7), 491–499.

Veale, J.F., Watson, R.J., Peter, T. & Saewyc, E.M. (2017). Mental health disparities among Canadian transgender youth. *J Adolesc Health, 60*, 44–49.

Verhulst, F.C., van der Ende, J. & Koot, H.M. (1997). *Handleiding voor de Youth Self-Report (YSR)*. Rotterdam: Sophia Kinderziekenhuis/Erasmus MC.

Vigo, J. (2018, October). Trans Activists' Campaign Against »TERFs' has Become an Attack on Science. *Quilette*. Zugriff am 13.11.2019 unter https://quillette.com/2018/10/18/trans-activists-campaign-against-terfs-has-become-an-attack-on-science/

Wålinder, J. (1971). Incidence and sex ratio of transsexualism in Sweden. *Brit J Psychiat, 119*, 195–196.

Wiepjes, C.M., Nota, N.M. & de Blok, C.J.M., et al. (2018). The Amsterdam cohort of gender dysphoria study (1972-2015): Trends in prevalence, treatment, and regrets. *J Sex Med, 15*, 582–590.

World Health Organization (2018). *International statistical classification of diseases and related health problems 11th revision (ICD-11)*. Zugriff am 23.01.2020 unter https://icd.who.int/browse11/l-m/en

Zink, N. (2018). Ist es jetzt Mode, transgender zu sein? *Ärzte Zeitung online*. Zugriff am 16.10.2018 unter https://www.aerztezeitung.de/Panorama/Ist-es-jetzt-Mode-transgender-zu-sein-227623.html

Zucker, K. J. & Bradley, S. J. (1995). *Gender identity disorder and psychosexual problems in children and adolescents*. New York, NY: Guilford Press.

Weiterführende Literatur: Auswahl von Ratgebern und informativen Webseiten

Ratgeber

Brill, S. & Pepper, R. (2011). *Wenn Kinder anders fühlen. Identität im anderen Geschlecht. Ein Ratgeber für Eltern.* München: Reinhardt-Verlag.

Schütze, A. (2017). Trans* – nicht selbst gewählt, aber angenommen. Ein Leitfaden auf dem Weg bis zur Geschlechtsangleichung. A. Richter-Unruh (Hrsg.). *Ein praktischer Leitfaden mit vielen nützlichen Hinweisen, auch Musteranträgen für Gerichte und Krankenkassen.* Kiel: Dfn Druckerei Fotosatz Nord. ISBN 978-3-00-058474-9

Transgender-Gesundheitsversorgung

Preuss, W.F. (2019). *Geschlechtsdysphorie, Transidentität und Transsexualität im Kindes- und Jugendalter* (2., Auflage). München: Reinhardt-Verlag.

Richter-Appelt, H. & Nieder T.O. (2014). *Transgender-Gesundheitsversorgung.* Gießen: Psychosozial-Verlag.

American College of Osteopathic Pediatricians: Supporting and Caring for Transgender Children. http://hrc.im/supportingtranschildren

Weitere informative Quellen

Allgemein/ethnologisch

National Geographic. Ein Heft rund um Gender. Müssen wir Mann und Frau neu denken? (01/2017)

National Geographic – Gender Revolution Special Issue: The Shifting Landscape of Gender (January 2017) [englischsprachige Ausgabe].

Informationen zur geplanten Aufhebung des Transsexuellengesetzes

Deutscher Bundesratsbeschluss vom 02.06.2017: Entschließung des Bundesrates zur Aufhebung des Transsexuellengesetzes sowie zur Erarbeitung eines Gesetzes zur Anerkennung der Geschlechtsidentität und zum Schutz der Selbstbestimmung bei der Geschlechterzuordnung. Drucksache 362/17. Bundesanzeiger Verlag, Köln, www.betrifft-gesetze.de

Stichwortverzeichnis

A

Alltagserprobung 43, 75
Antiandrogene 77, 83
Ätiologie 68

B

Begutachtung 90
Behandlung
- chirurgisch geschlechtangleichende 84
- hormonelle 45, 83
- psychotherapeutische 42, 76, 78
- pubertätshemmende 44 f., 77, 83
- stationäre kinder- und jugendpsychiatrische 81

Binder 84

C

Childhood Behavior Checklist 61
cisgender 13

D

Diagnostik 60
Differentialdiagnose 63
DSM-5 13, 42, 56

E

early-onset Entwicklung 55
Elterninterview 60 f.
Entwicklungsverläufe 52
Erscheinungsbild 78
Erzieher*innen 43

F

Fallkonzeptualisierung 75
Fetischismus 64
follow-up Studien 52
Fragebögen 60

fluides Geschlechtsempfinden 39 f.
frühkindliche Traumata 72
FtM, Female-to-Male 15, 23, 25, 37

G

gender fluid 13
geschlechtsangleichende Operationen 13, 45
Geschlechtsdysphorie 13
Geschlechtsinkongruenz 13
Geschlechtsverteilung 48
GnRH-Analoga 44

H

Hauptsymptome 41
Hirndifferenzierung, geschlechtsspezifische 52
Hirnveränderungen 70
Hormontherapie 83
- gegengeschlechtliche 45, 77, 84
- Mindestalter 84

I

ICD-11 13, 58
Indikationsschreiben 45

J

Jugendhilfe 81

K

Katamnesebericht 52
Katamnesestudie 53
Kindeswohlgefährdung 88
Klassifikationssysteme 56
Kostenübernahme 85
Krankenkassen 85

L

late-onset Entwicklung 27, 55
Lehrer*innen 43
Leitlinien 41
- AWMF 41
- WPATH 41, 79

M

Mastektomie 84
Menstruationshemmung, Menstruationsunterdrückung 77, 83
MtF, Male-to-Female 15, 27 f., 30, 32, 34, 36
multidisziplinäres Vorgehen 83

N

nicht-binäres Geschlechtsempfinden 13, 38

P

Persistenz 52
Persistenzraten 54
Personenstandsänderung 89
prädiktive Faktoren 54
pränatale Hormoneinwirkungen 68
Prävalenz 47
psychische Störung 15, 25
psychopathologische Auffälligkeiten 65
Psychose 64
psychotherapeutische Begleitung 76
Psychotherapie 43, 78
pubertäres Entwicklungsstadium 44

R

Rapid Onset Gender Dysphoria, ROGD 50
rechtliche Aspekte 88
Re-Transition 43

Rückumwandlungswunsch 90, 96

S

seelische Gesundheit 88
Sex Ratio 47
Sexualität 95
sozialer Rollenwechsel 43, 75, 88
Stimme 84
Störungen der somatosexuellen Entwicklung 63

T

Therapieantrag 86
transgender 13
Transidentität 13
- fluide 39 f.
- nicht-binäre 38
Transjunge 15
Transmädchen 15, 18, 20 f.
Transsexualismus 13
Transsexuellengesetz 46, 89 f., 94
Transvestitismus 64

U

Übergangsausweis 75
Ursachen, biologische 68 f.
Ursachen, psychologische 71 f.

V

Verlauf
- desistierend 20 f., 34
- persistierend 15, 18, 23, 25, 28, 30
- transient 36 f.
Vornamensänderung 88 f.

Z

Zwillingsstudien 70

Anhang

Überblick über Beratungsstellen und Selbsthilfegruppen

Hier kann nur eine Auswahl von Selbsthilfegruppen dargestellt werden, schwerpunktmäßig im südwestdeutschen Raum. Über die Deutsche Gesellschaft für Transidentität und Intersexualität können jedoch landesweite Empfehlungen eingeholt werden.

Beratungsstellen

Deutsche Gesellschaft für Transidentität und Intersexualität e. V.
www.dgti.org
bietet Hilfe an bei Suche nach Behandler*innen, Selbsthilfegruppen, Anträgen bei Gerichten und Krankenkassen

Bundesverband TRANS
info@mari-guenther.de
Transkindernetzwerk (Elternselbsthilfegruppe):
info.trans-kinder-netz.de

Beratungsstelle TTI – Beratung zu Transsexualität, Transgender und Intersexualität.
Fürttenbachstr 14, 89077 Ulm
beratung-tti@netzwerk-isbttiq.net

Selbsthilfegruppen

Transmann e. V. München
www.transmann.de

Selbsthilfegruppe für Transmänner und deren Angehörige
Heidelberg/Mannheim/Rhein-Neckar-Pfalz
www.transsexuelle-heidelberg.de

QueerLeben Berlin. Inter* und Trans*Beratung
www.queer-leben.de

BarJederSicht, Mainz. Kultur- und Kommunikationszentrum für Lesben, Schwule, Bisexuelle, Trans* und Intersexuelle
Hintere Bleiche 29, 55116 Mainz
www.sichtbar-mainz.de

queer mittelrhein
Selbsthilfe und Beratung für inter* und transgeschlechtliche Menschen und Angehörige
Moselweißer Str. 65, 56073 Koblenz
www.queer-mittelrhein.de

Beratungsstelle gewaltfreileben
Kasseler Str. 1A, 60486 Frankfurt/Main
www.gewaltfreileben.org

Elterninitiative Kim & Alex, Darmstadt
vielbunt.org/kim-und-alex
eltern@vielbunt.org

Attest zur Vornamensänderung in der Schule (MtF)

(Fachärztliches) Attest zur Vorlage bei der Schule

xy *(hier den Wunschnamen verwenden, in Klammern hinzufügen: Geburtsname: xx)*, geb. ___. wohnhaft in ___ hat sich am ___ in meiner Sprechstunde vorgestellt. Es liegt eine transidente Entwicklung vor. xy fühlt sich bei biologisch männlichem Körpergeschlecht dem weiblichen Geschlecht zugehörig.
Teil der notwendigen mehrjährigen Behandlung ist die Phase der sog. Alltagserprobung, in der die Betroffenen möglichst weitgehend in allen Lebensbereichen in dem von ihnen als richtig empfundenen Geschlecht leben und mit dem von ihnen gewählten Vornamen angesprochen werden.
Es sollte unserem/meinem Patienten daher ermöglicht werden, die Schule als weibliche Person zu besuchen und mit dem Vornamen xy angesprochen zu werden.

Es bestehen keine rechtlichen Bedenken gegen ein solches Vorgehen.

Für Rückfragen stehe ich gerne zur Verfügung.

Analog kann ein solches Attest auch für Ausbildungsstellen, Sportvereine etc. ausgestellt werden.

Bernd Meyenburg

Geschlechtsdysphorie im Kindes- und Jugendalter

Immer mehr Kinder und Jugendliche haben die innere Gewissheit, dem Gegengeschlecht anzugehören – sie sind transident. Obwohl Transidentität heute nicht mehr als psychische Störung angesehen wird, kommt es meist ab der Pubertät zu einem hohen Leidensdruck, einer Geschlechtsdysphorie, verbunden mit depressivem Rückzug, Selbstverletzungen, Suizidgedanken und -handlungen. Im Hinblick auf die Therapie findet sich leider oft Unsicherheit auf Seiten der Behandelnden. Ziel dieses Buches ist es, Kenntnisse über transidente Entwicklungen und ihre psychotherapeutische und medizinische Behandlung zu vermitteln und dadurch zu ermutigen, diesen Patient*innen zu helfen. Dargestellt werden auch die komplexen rechtlichen Probleme, vor denen transidente Kinder und Jugendliche und ihre Eltern stehen.

Dr. Bernd Meyenburg, Kinder- und Jugendpsychiater, Psychotherapeut, baute ab 1989 die erste deutsche Spezialsprechstunde für transidente Kinder und Jugendliche am Frankfurter Universitätsklinikum auf.

ISBN 978-3-17-035126-4

€ [D] 26,-
www.kohlhammer.de

Kohlhammer